全域旅游视角下"体育＋旅游" 产业融合创新发展研究

王焕盛　李世军　徐晓伟　著

北京工业大学出版社

图书在版编目（CIP）数据

全域旅游视角下"体育＋旅游"产业融合创新发展研究 / 王焕盛，李世军，徐晓伟著． — 北京 ：北京工业大学出版社，2020.4（2021.8重印）
ISBN 978-7-5639-7347-7

Ⅰ．①全… Ⅱ．①王… ②李… ③徐… Ⅲ．①体育－旅游业发展－研究－中国 Ⅳ．①F592.3

中国版本图书馆 CIP 数据核字（2020）第 061534 号

全域旅游视角下"体育＋旅游"产业融合创新发展研究

QUANYU LÜYOU SHIJIAO XIA "TIYU+LÜYOU" CHANYE RONGHE CHUANGXIN FAZHAN YANJIU

著　者： 王焕盛　李世军　徐晓伟
责任编辑： 邓梅菡
封面设计： 点墨轩阁
出版发行： 北京工业大学出版社
　　　　　　（北京市朝阳区平乐园 100 号　邮编：100124）
　　　　　　010-67391722（传真）　bgdcbs@sina.com
经销单位： 全国各地新华书店
承印单位： 三河市明华印务有限公司
开　　本： 710 毫米 ×1000 毫米　1/16
印　　张： 11.5
字　　数： 230 千字
版　　次： 2020 年 4 月第 1 版
印　　次： 2021 年 8 月第 2 次印刷
标准书号： ISBN 978-7-5639-7347-7
定　　价： 48.00 元

序　言

当前，旅游成为一种健康、时尚的休闲方式，旅游业已经成为我国国民经济中重要的经济增长点。体育旅游是旅游业的重要组成部分，是为了满足人们对旅游产品和内容的要求，调整和完善产品结构的必然产物。"体育＋旅游"产业作为体育与旅游交叉融合而形成的具有体育和旅游双重特性的新型产业，其发展对丰富旅游业、拉动体育需求、提高国民经济增长效益等都具有非常重要的推动作用。

目前国内有关"体育＋旅游"产业融合发展的相关研究仍处于萌芽阶段。对于体育旅游产业集群的介绍和研究更多的是一种观念的推介和推广，即使存在学术性质的研究也基本上是在无明确概念和完备理论体系情况下进行的研究。因此，为了在全域旅游视角下收集、整理和描述"体育＋旅游"产业融合发展的基础性资料，科学合理地规划体育旅游产业集群的发展，对各项体育旅游产业集群的实践活动及其后果进行监控和评价，以及为了解决体育旅游产业集群在形成及发展过程中不可避免地遇到的各种各样的矛盾与问题，急需确立我国体育旅游产业融合发展的基本概念与理论体系，探索符合我国国情的体育旅游产业集群竞争力提升策略。

本书以全域旅游为视角，首先，对体育旅游产业的相关概念进行了阐述，对体育产业与旅游产业融合发展进行了理论分析；其次，分别介绍了全域旅游视角下体育旅游资源的开发与利用、体育旅游市场经营与管理体系的构建和区域体育旅游产业发展体系的构建；最后，提出了全域旅游视角下体育旅游产业集群竞争力的提升策略。

作者通过言简意赅的语言、丰富全面的知识点以及系统的结构，对全域旅游视角下"体育＋旅游"产业融合创新发展进行了全面且深入的分析与研究。本书集科学性、创新性、系统性于一体，并注重理论性与实用性的统一，对我国"体育＋旅游"产业融合以及未来竞争力的进一步提升有着非常重要的指导意义。

在撰写本书的过程中作者参考和引用了很多专家、学者的研究资料和成果，在此表示最诚挚的感谢。由于时间和能力有限，书中难免会有不妥之处，敬请广大读者予以指正。

目　录

第一章 导 论

进入新时代，体育旅游、体育健身等理念已经深入人心。随着交通日益便捷、科技日趋进步、通信日渐发达，人们的生活质量和生活方式都在发生着日新月异的变化。而体育旅游因其包容性、普及性，成为这类变化的重要标志。体育产业、旅游产业等第三产业作为21世纪的重要朝阳产业，越来越受到国家顶层设计的重视。在国际交流层面，旅游外交可以达到"润物细无声"的效果，有力地打破政治壁垒，促进国际文化交流；在国家经济发展层面，"旅游+""体育+"的提出再次凸显了旅游产业和体育产业发展的带动性，随着其在扩内需、稳增长、增就业、减贫困、惠民生中独特作用的展现，国家方面已经将旅游产业和体育产业作为战略型支柱产业；在民族文化传承层面，中华民族作为最古老的民族，拥有五千年的历史，但在这个工业浪潮席卷后物欲横流的时代，文化的传承需要更主动的方式，而"旅游+体育"是能够达到此目的的最佳方式，以体育旅游整合文化，让人类共享文明，促进身心健康发展。

面对全域旅游、"体育+旅游"展开科学研究伊始，我们面临一系列的问题：什么是体育旅游？体育旅游的本质是什么？全域旅游是什么？全域旅游的本质又是什么？首先，考虑到旅游学术界多年来因受到旅游的技术性定义的牵制而本末倒置地去认识旅游、研究旅游，对其本质的认识，就更加是一个重要的问题——我们不能在开拓全域旅游这样一个新领域的初始体验阶段就犯以往那种影响至深的方法论错误。其次，在国内外专家研究经验总结基础上，在全域旅游理论指导下，探讨新时代背景下的"体育+旅游"产业融合创新发展，使其融合为全新的"体育旅游"。

关于体育旅游的研究通常会涉及体育、旅游、经济、管理等学科的研究成果，看似每个领域都为体育旅游的研究贡献了独特的认识视角、研究方法和科学命题。笔者认为，体育旅游研究的过程中之所以会出现这些问题，至少说明了三种情况：一是迄今为止，大家对体育旅游的认识还不够深刻，以致有点像"盲人摸象"，摸到哪里说哪里；二是从反面论证了体育旅游的包容性确实大，牵涉范围比较广；三是当前研究还处于多学科交叉的研究阶段，并没有达到跨学科状态。

针对以上体育旅游研究现状，笔者认为全域旅游恰巧是体育旅游研究的一个转折点或契机——从体育旅游本身出发，将全域旅游理论、方法融入体育旅游研究中，构建体育旅游知识共同体，并运用体育旅游研究的知识对经济、社会、心理、文化、地理、审美、旅游等学科给予令人满意的反哺。

随着大众旅游时代的到来，体育旅游是绝大多数人愿意主动去接触体验的一个新兴体育产业，这为体育旅游研究提供了基础数据。简单来说，全域体育旅游就是一种主人翁发展理念，并开始自觉地用"旅游学"和"体育学"的视角来审视全域体育旅游的本质和内容，从而构建体育旅游理论体系。主人翁意识是指体育旅游在发展过程中要主动融入中心，纳入主流，满足体育旅游参与者的健身需求。多年以来，业界一直强调"体育旅游服从大局"，后来讲"体育旅游服务大局"，实际上无论是服从还是服务，都是在将体育旅游边缘化，都是作为客人在听从主人的吩咐。现在全域旅游要求"旅游构建大局"，当然是指旅游要做"主人"。目前形势下，一要服务工业化，二要促进城镇化，三要推动国际化，四要拉动新农村建设，五要改变人们生活状态。

第一节　全域旅游理论研究述评

《国家旅游局关于公布首批创建"国家全域旅游示范区"名单的通知》中指出，全域旅游是将特定区域作为完整旅游目的地，进行整体规划布局、综合统筹管理、一体化营销推广，促进旅游业全区域、全要素、全产业链发展，实现旅游业全域共建、全域共融、全域共享的发展模式。

一、国外全域旅游理论研究的进展

国外目前还没有真正提出全域旅游这一发展理念，但在生态旅游、乡村旅游等旅游发展模式下，有一些学者提出了一些与全域旅游发展相关的思想，主要集中在以下几个方面。

（一）旅游区域的研究

国外关于旅游区域的研究比较早，佐兰·克拉利克（Zoran Klaric）（1992）分析了空间组织下的克罗地亚旅游区的建立，定义了三种类型的旅游区域：与行政区域相联系的旅游区，独立的特殊旅游区，覆盖整个区域、超越行政界限的旅游区。他并指出克罗地亚旅游区最适合的是第三种定义。他首次提出了将旅游区域覆盖整个区域，超越行政界限的理念，这是全域旅游区域划分理念的雏形。

（二）以旅游业作为支柱产业

露西·卡普兰（Lucy Kaplan）（2004）提出了南非旅游支柱产业发展战略下的旅游技能发展，阐述了以旅游业作为支柱产业的地方人才技能培养的重要性。马尔科姆·贝农（Malcolm Beynon）（2009）虽没有正式提出全域旅游的概念，但其在文章中分析了几个具有代表性的以旅游业作为支柱产业的地区，并进行了经济因素分析。这是全域旅游发展理念中以旅游业作为支柱产业最早的研究依据。

（三）发展可持续性旅游产业

乔安妮·康奈尔（Joanne Connell）（2009）针对新西兰政府出台的资源管理条例，提出实施以可持续旅游发展为目标的全国性的旅游发展策略，是对全域旅游发展内涵的进一步阐述。雷切尔·多德（Rachel Dodds）（2010）研究了实施可持续性旅游对大旅游目的地的重要意义。大卫·布泰尔布（David Btteillb）（2015）针对塞浦路斯的旅游可持续发展提出了发展中存在的问题，其复杂的政治环境、政治文化和社会环境对于可持续旅游发展的有效实施具有重要作用。阿德里安·布迪恩（Adriana Budeanu）（2016）提出了可持续性旅游存在的机遇、挑战与其进步性，从社区利益相关者的视角来研究可持续性旅游，最后说明了可持续性旅游的重要性。

（四）旅游城镇化

《美国旅游研究中的城乡不平衡》中首次指出城镇旅游研究是旅游业中一个不可忽视的领域。皮特·霍尔（Pete Hall）曾预言，20世纪最后30年是欧洲主要城市和历史文化小城镇大旅游的时代。澳大利亚学者帕特里克·马林斯对旅游城镇化这一概念做了最初的定义，他认为旅游城市化是20世纪后期出现的一种由单一的消费功能（旅游消费功能）而形成的新型、独特的城市化形式，这是基于后现代主义消费和后现代主义城市观的一种城市发展形式，是由休闲娱乐的销售和消费而形成的一种城市化模式。

巴尔东（Bardon）通过对西班牙近20年城镇旅游的研究证明了现代城镇旅游非常有利于推动西班牙农村地区的发展。在许多国家，城镇旅游被认为是一种阻止农业衰退和增加城镇收入的有效手段。伊尔（Hill）和詹金斯（Jenkins）则指出在加拿大、澳大利亚、新西兰、东欧和太平洋地区在内的许多国家，都认为城镇旅游业是农村地区经济发展和经济多样化的动力所在。卢希安（Luchian）等人认为，把旅游业作为主导产业发展的城市和县，其城镇建设和发展嵌入了与旅游消费社会特征相关的目标体系，具有与工业城市不同的发展特点。

全域旅游可能与政治关联也比较大，在中国的政治体制下实施全域旅游比较可行，大部分发达国家的案例都是市场主导，旅游规划也是针对旅游影响管理和可持续旅游发展的，很少有政府部门作为主导的旅游发展，只有国家重点旅游资源才会由政府主导，并持续进行监管运营。所以系统的全域旅游发展理念在国外并没有真正被提出。

二、国内全域旅游理论研究的进展

梳理国内文献，发现全域旅游的概念探讨可以追溯到2010年。大连市委在2010年提出以"全域城市化"战略作为推进城乡统筹、落实国家战略、优化城市功能的基本举措，同时也是指导城市未来发展的最高战略。全域城市化即对大连全城范围进行城市化的整体规划，准确定位城市的发展目标和功能，通过新城的优化布局，适应功能区和行政区融合发展的要求，经过一定时期的经济社会发展、市场扩张和政府推进，在全城范围内逐步形成科学合理、资源共享、优势互补、功能完善、城乡对接与协调发展的城镇网络体系。

厉新建（2013）在《全域旅游：建设世界一流旅游目的地的理念创新——以北京为例》中首次对全域旅游概念进行了界定。所谓全域旅游，就是指各行业积极融入其中，各部门齐抓共管，全城居民共同参与，充分利用目的地全部的吸引物要素，为前来旅游的游客提供全过程、全时空的体验产品，从而全面地满足游客的全方位体验需求。全域旅游所追求的，不再停留在旅游人次的增长上，而是旅游质量的提升，追求的是旅游对人们生活品质提升的意义，追求的是旅游在人们新财富革命中的价值。

吕俊芳（2013）在《城乡统筹视阈下中国全域旅游发展范式研究》中提到全域旅游体现的是一种现代整体发展观念，区域各方面的发展应服务于旅游发展大局，形成全域一体的旅游品牌形象。她还对全域旅游产生的理论基础进行论述，提出全域旅游开展所应具备的三个基础条件，即社会条件、人口条件和资源条件。

石培华（2016）从全域旅游发展意义上做出了界定，他认为全域旅游是一场具有划时代的转折意义的变革，是旅游业发展到现阶段的必然产物，在这场改革过程中，各方面都要做出积极的努力。

杨振之对全域旅游做了专题讲解，认为全域旅游的定义内涵主要包含以下几点：第一，区域旅游资源富集而工业发展基础薄弱或受限；第二，以旅游业为引导或主导，推进区域经济发展；第三，以旅游业为引导或主导，在全域合理高效地配置生产要素；第四，以旅游规划作为区域顶层设计，在旅游规划引导下实现"多规合一"，使"全域旅游"理念在城乡规划、土地利用规划、村镇规划、交通规划等方面切实落地，促使全域以旅游业为重心配置资源。

王建芹（2019）在《全域旅游研究述评与展望》中提出，我国对全域旅游的研究还处于起步阶段，研究内容尚浅，研究方法还比较单一，研究视野也不够开阔。未来的研究应该进一步深化全域旅游理论的研究内容，出现更多量化或者定性与定量研究方法混合使用的文献，并从社会学、经济学、管理学、地理学和心理学等不同学科视角进行全域旅游研究。

胡宇橙、杨盼星（2019）在《我国全域旅游发展研究综述》中指出，全域旅游的特殊性尚未明晰；我国全域旅游发展不均衡且影响面广，在管理、营销、产品、服务等方面，依靠政府和市场从理念规划、发展要素供给、产业融合等多种路径推进全域旅游朝着旅游产业更为综合、旅游体验更为深刻、旅游业与相关产业发展更为紧密的方向发展。据此，引申出一些对全域旅游发展具有普适性的理论指导并提出未来可行的全域旅游发展研究方向，以期促进全域旅游理论研究，进而提高对旅游目的地发展全域旅游的理论指导性。

　　姜鹏、邬德林（2019）在《关于发展全域旅游问题的思考》中提出，发展全域旅游要改变既有的发展体制，构建全局谋划、统筹共进、协调发展的格局，形成旅游产业发展引领下的各区域、各产业、各部门联动发展机制。同时，要加强全域旅游综合效益评估，依托信息化时代的大数据优势，建立科学、客观的评价体系，建立科学有效的利益分配及利益补偿机制，在统筹发展的方针引领下，按贡献对各区域、各部门、各企业做出合理的利益分配和补偿，实现利益共享。

　　2016年2月，国家旅游局局长李金早在《全域旅游大有可为》一文中认为：全域旅游是指在一定区域内，以旅游业为优势产业，通过对区域内经济社会资源尤其是旅游资源、相关产业、生态环境、公共服务、体制机制、政策法规、文明素质等进行全方位、系统化的优化提升，实现区域资源有机整合、产业融合发展、社会共建共享，以旅游业带动和促进经济社会协调发展的一种新的区域协调发展理念和模式。这一概念总结了前面众多学者的观点，站在国家顶层设计层面给了全域旅游一个客观可行的概念（表1-1）。

表1-1　官方全域旅游概念解析

主体	将特定区域（省市区县）作为完整旅游目的地
路径	进行整体规划布局、综合统筹管理（多部门）、一体化营销推广，促进旅游业全区域、全要素、全产业链（旅游＋体育）发展
目标	实现旅游业全域共建（景区内外、城市乡村）、全域共融（产业）、全域共享（设施和服务主客共享）
性质	发展理念和模式

　　全域旅游是一种理念，是区域发展的先行指引，决定区域战略目标的前瞻性和世界性，体现了发展观的价值取向。

　　全域旅游是一种追求，是游客对出行体验的追求，是居民对生活品质的追求，是政府对区域发展的追求，是旅游目的地对自身可持续发展的追求。

　　全域旅游是一种生活，代表了当下的生活理念与品位需求，展现了各地的风俗文化与生活方式。

第二节　全域旅游方法研究述评

从"旅游整合"到"旅游+"再到如今的"全域旅游"，近几年在中国，旅游不再只是作为独立的学科或独立的产业在进行发展，而是形成了一个大生态系统。2010年，成都市大邑县在成都建设"世界现代田园城市"的新理念下，率先提出了发展全域旅游度假产业的全新理念。2015年8月召开的全国旅游工作研讨班，国家旅游局局长李金早从国家旅游局层面，首次明确提出全面推动全域旅游发展的战略部署，并给出量化工作目标。全域旅游经过1年多的发展，初步形成了全域旅游方法研究体系，也有了一定的研究成果。

一、国外全域旅游方法研究的进展

克拉利克在1992年发表的《基于克罗地亚情况建立旅游区域》一文中定义了三种类型的旅游区域，前面我们也简单介绍过，即与行政区域相联系的旅游区，独立的特殊旅游区，覆盖整个区域、超越行政界限的旅游区。英国和新西兰使用了第三种旅游区的定义，而最适合克罗地亚的也是第三种定义，基于整个空间组织模型，提议建设八个旅游区。该文虽没有直接建立与行政区域相联系的旅游区的模型，也没有将此种模式作为重点，但是介绍了相关的案例，值得我们在研究全域旅游方法时进行探讨。

瑞士阿尔卑斯山已经成功构建了规范系统的全域旅游业发展体系，构建了机动化与非机动化纵横的交通体系、分级与布局合理的城乡度假住宿服务体系、四季主题游乐活动体系以及不同地域特色的康疗服务体系，从瑞士阿尔卑斯地区全域旅游发展案例可见，一个地区实现全域旅游发展的关键，在于构建涵盖吃、住、行、游、购、娱等旅游业"六要素"及其相关延伸产业和配套产业，构成门类齐全、品质优越、特色突出的"全域度假产品体系"。这些产业门类的发展互为因果，所积聚的门类越多，门类之间的关联度越紧密，则全域旅游的发展质量和可持续性越具有保障。

二、国内全域旅游方法研究的进展

在实现全域旅游的过程中，还有一个工具性问题必须加以考虑，即全域旅游研究的方法论问题。在这个问题上，笔者认为其包含全域旅游认识方法和全域旅游衡量方法两个方面。

（一）全域旅游认识方法研究

关于全域旅游认识方法可以回归到哲学的方法论层次上，方法论即人们认识世界、改造世界的根本方法。它是指人们用什么样的方式、方法来观察事物和处理问题。方法论是一种以解决问题为目标的体系或系统，通常涉及对问题阶段、任务、工具、方法技巧的论述。全域旅游方法论会对一系列具体的方法进行分析研究、系统总结并最终提出较为一般性的认识与发展原则。

对全域旅游方法的研究，学者们各抒己见。受到国家顶层设计的高度重视，全域旅游方法研究空前繁盛，也具有很强的实践价值。

大连市是最早发展全域旅游的城市，结合大连"大分散、小集中"的旅游分布现状，其发展方法是通过对旅游资源的重新整合，在不同区域内打造各自的旅游吸引物和服务业态：一是加强旅游与各产业之间的融合，二是构造布局合理的旅游空间格局，三是构建功能完善的旅游支撑体系。

经济学家魏小安提出，在全域旅游中做旅游加减乘除："旅游＋"，加强产业联动，体现综合性、覆盖性；"旅游－"，弱化旧业态，强化新业态；"旅游×"，放大效应，投资乘数，消费乘数，生态乘数，文化乘数；"旅游÷"，政府、企业、市场各在其位，各谋其政，权力清单，责任清单，负面清单。

国家旅游局（现为文化和旅游部）局长李金早在《全域旅游大有可为》一文中率先提出，实施全域旅游是一项复杂的系统工程，需要进行系统的改革创新。一要创新发展战略，改革管理体制；二要创新经济社会发展规划和旅游规划；三要按照五大发展理念创新相关的统计监测和评价体系；四要创新投融资体制机制；五要创新旅游业态，积极培育旅游新业态，构建新的发展载体；六要试点先行、示范引领。

2016 年，在全国旅游工作会上，对于如何具体落实景点旅游发展模式向全域旅游模式转变，李金早局长提出要实现 7 个转变，包括从单一景点景区建设管理到综合目的地统筹发展转变、从门票经济向产业经济转变、从导游必须由旅行社委派的封闭式管理体制向导游自由有序流动的开放式管理转变、从粗放低效旅游向精细高效旅游转变、从封闭的旅游自循环向开放的"旅游＋"融合发展方式转变、从旅游企业单打独享到社会共建共享转变等，最终实现从小旅游格局向大旅游格局转变。

笔者认为，李金早局长提出的从景点旅游发展模式迈向全域旅游发展模式，将全域旅游作为国家旅游发展战略，将各地开始萌芽的理念升华成为系统的全域旅游发展理念，其将零散的实践探索提升为发展战略，这一重大发展理论创新和战略部署，具有战略全局性、方向引领性、问题针对性、普遍指导性、国际规律性、现实可行性，将成为引领我国旅游业迈上新台阶、开辟新天地的整体战略。

（二）全域旅游衡量方法研究

对于我国旅游业发展整体而言，推进全域旅游发展的转向是一个"慢变量"，对整体发展格局的影响不会出现立竿见影的提升效果。但是，不能因为是"慢变量"就忽视它。正在经历升级发展的中国旅游业，应该在此理念指引下务实开拓，要坚信只要思路转变，很快就会有新的景象，很快就会使全域旅游从"慢变量"发展成为"关键变量"，进而助推我国旅游加速走向更美好的未来，实现旅游强国的目标。

在旅游业一直有一个说法，即旅游业每创造1元钱收入，可间接创造7元钱的社会财富；旅游业直接增加1个就业岗位，可间接带动7个人就业。旅游经济学家魏小安也曾说，活跃的旅游活动对某个区域经济发展的贡献是多方面的，除了带来经济的增长，还可以带来环境的优化、城市品牌的提升等价值。因此，对全域旅游的衡量也应该不同于以往，要进行综合考量。

全域旅游发展的考量标准主要是对全域旅游示范区的评定。根据国家旅游局创建示范区文件、国家旅游局局长李金早在2016年旅游工作会议上提出的要求，全域旅游示范区的创建形成了8个方面1000分的验收标准，4个基本标准为准入门槛，总分750分通过验收。这4个基本标准分别为：旅游对当地经济和就业的综合贡献达到一定水平、建立旅游综合管理和执法体系、厕所革命及其他公共服务建设成效明显、建成旅游数据中心。而8个方面的验收标准，则分别从地方政府重视和推进程度、旅游业发展情况、旅游产品特色、公共服务体系、要素配套、环境保护以及旅游安全、文明和游客满意情况做出了要求。

第三节　全域体育旅游研究述评

一、全域体育旅游理论研究的进展

张颖、梁浩（2016）在《全域旅游发展视角下的天津体育旅游发展》中，指出全域旅游发展模式下，要求旅游业必须与其他产业融合发展，而其中体育旅游发展尤为快速。发展全域旅游、深化"旅游＋"战略，就是要充分发挥旅游业的拉动作用，与其他相关产业高度融合，为旅游插上"翅膀"。而"体育＋旅游"的发展则实现了一种新的经济增长方式，体现了旅游发展无边界的特点。"旅游＋体育"成为全域旅游发展背景下的新亮点。

陈云（2017）在《全域旅游视角下扬州大型体育赛事与旅游融合发展现状及对策研究——以江苏省第19届运动会为例》中指出，在全域视角下，政府各部门必须通力合作；体育与旅游的融合，绝不是简单的两者相加，政府各主管部门还需培养大局意识，全力合作，为体育与旅游出谋划策，紧扣特色，打造和维护"体育＋旅游"基础设施。

李燕、骆秉全（2017）在《京津冀全域体育旅游产业布局及协同发展路径研究》中，指出京津冀全域体育旅游就是将区域内与发展体育旅游产业密切相关的资源、产业、生态、体制机制、公共服务、政策法规、文明素质等进行全方位、系统化的优化提升，按照"互联互通、体旅先通"的原则，以满足休闲度假需求为主导，以精品化、品牌化为发展方向，实现区域资源有机整合、产业融合发展、社会共建共享，推动体育旅游由"点缀旅游向核心吸引物"发展模式转变。

黄燕群（2017）在《全域旅游视角下贺州市体育旅游发展研究》中指出，在全域旅游建设的环境下，发展体育旅游需着力提升体育旅游产品开发层次，做好体育旅游规划，打造出适量的一流的体育旅游示范基地、知名的节庆体育旅游品牌，并积极推进旅游公共服务设施建设，加强体育旅游从业人员的专业素养。全域旅游的发展需要创新的、符合时代发展需要的旅游产品；积极推进旅游公共服务设施建设，加强体育旅游从业人员的专业素养培养，为体育旅游活动的发展提供智力支持。

董琴、贺海（2017）在《全域旅游视角下"旅游＋体育"融合发展策略研究》中指出，体育旅游不是简单的体育、旅游相加，而是在全域旅游背景下体育产业与旅游产业为更好地满足人们的多元化、深层次的需要而进行的融合与创新；注重品牌建设，加强赛事管理，增强游客参赛体验和获得感。

高何玉婵（2017）在《全域旅游视角下乐山市体育旅游发展研究》中指出，体育旅游在全域旅游理念的指导下，能够成为乐山市旅游经济增长的新亮点，促进乐山旅游转型发展的同时，反向推动乐山市向全域旅游模式迈进。

唐薇、夏敏慧（2017）在《基于全域旅游视角下海南省体育旅游发展现状与对策的研究》中指出，借助海南打造全域旅游示范省，完善体育旅游的基础配套设施；全域配置体育资源，合理规划体育旅游景点，创建体育旅游品牌；培训专门旅游指导人才，建立旅游综合管理和服务体系；以固定景区点连接交通线向四周辐射，实现体育旅游全域化。

付晗茜（2018）在《全域旅游下"旅游＋体育"发展模式研究》中发现，全域旅游下"旅游＋体育"发展模式研究，以旅游业与体育业相互融合补充，打造新型旅游综合产品，满足人们日益多变的旅游消费需求，为旅游产业升级提供方向，扩大当地的知名度，吸引游客，增加创收，推动相关产业发展。开发体育赛事旅游活动，通过对体育节事活动的形象特点、文化氛围、体验性和参与性的策划等，能让游客亲身参加体育旅游活动，为旅游者带来视觉、听觉、触觉的全方位冲击。

王丹（2018）在《全域旅游视角下湘西州"旅游＋体育"融合发展研究》中研究发现，以"旅游＋体育"为结合点形成的新型业态——体育旅游发展势头迅猛，践行了全域旅游发展的要求，促进了旅游业与体育业的创新发展，对拉动区域经济的增长起着十分重要的作用。

汤伊乐、张永辉（2018）在《全域旅游导向下的体育旅游产业融合发展策略研究》中提出，以全域旅游为平台构建新理念、以全域旅游为框架规划新业态、以全域旅游为契机拉动新增长、以全域旅游为依托促进新发展的在全域旅游导向下有针对性的发展对策，并建议体育旅游产业的融合发展应得到全域的重视、配合、推进和深化；为促进产业结构转型升级、实现创新驱动发展奠定基础。

王颖、江晓敏（2018）在《全域旅游规划下体育旅游的发展研究》中研究发现，我国体育旅游业发展迅速，但"质"变不平衡；小微企业单打独斗较多，企业合力发展不明显；政府区域旅游规划与设计不尽合理；旅游开发过于依赖资源，后劲不足。在全域旅游规划下，从资源的嵌入、主题赛事品牌建设、一体化营销模式等方面尝试体育旅游与其他产业融合发展的模式，以期为突破体育旅游小规模的微市场困境探索新的思路。

笔者根据国内专家的研究成果，尝试将全域旅游和体育旅游整合成为新的概念——全域体育旅游。笔者认为，全域体育旅游是指在一定区域内，以旅游产业和体育产业为优势产业，通过对区域内经济社会资源尤其是旅游资源、体育资源、体育产业、旅游产业、相关产业、生态环境、公共服务体制机制、政策法规、文明素质等进行全方位、系统化的优化提升，实现区域资源有机整合、产业融合发展、社会共建共享，以体育旅游带动和促进经济社会协调发展的一种新的区域协调发展理念和模式。

二、全域旅游与体育旅游的关联性

全域旅游是在党的十八届五中全会后，为顺应时代发展提出的旅游发展理念和模式。体育旅游则是旅游市场细分的结果，以参与体育活动（观赏赛事）为主要需求，是一种新兴的旅游方式。全域旅游的核心理念能够指导体育旅游的进一步发展，带动体育旅游产业升级，同时体育旅游这种体验式旅游方式的快速兴起，也能够反向推动区域全域旅游格局的形成。二者相辅相成，相互促进，通过深入分析全域旅游和体育旅游的内涵能够发现，两者的关联性可以概括为以下两点。

（一）全域旅游理念指导体育旅游发展

2016 年旅游产业的重大转型举措便是大力发展全域旅游，全域旅游的实质是旅游产业发展的转型升级，是从单一旅游景点到区域资源的整合，是从单纯门票经济走向服务经济的转变，是全民参与、全景优化、全域覆盖、全产业发展的模式。通过全域旅游的发展消除城乡二元结构，实现城乡一体化，是科学的系统旅游。

目前国内旅游业处于一个转型发展的关键时期，然而休闲时代的快速迈进使得传统旅游观光模式已经不能满足市场的需求，进而出现了体验旅游模式——体育旅游。"体育＋旅游"的兴起是旅游市场选择的结果，但其不能脱离整体的旅游发展环境，故而体育旅游的发展需要在全域旅游的指导下，才能保证自身发展的科学性、全面性、有效性。

（二）体育旅游可以反向推动全域旅游大格局的形成

体育旅游是发展全域旅游，促进旅游产业融合发展的重要抓手。体育旅游区别于传统旅游模式，有其自身的特质和优势。传统的观光旅游，发展时间较长，模式固定，内容枯燥，很难迎合现代消费者的需求。而体育旅游能够将自然观光、健身娱乐、休闲养生等现代人追求的热点集于一身，通过"体育＋旅游"的新模式，迎合体育旅游市场需求。同时，根据不同地区的资源特色，开发适合当地发展的体育旅游项目，并将旅游项目、旅游产品、游客诉求、旅游服务、景区景点开发和当地居民参与等有效地结合，特别是少数民族地区的传统体育和民风民俗。整合发展的体育旅游消费市场将带动地方整体旅游经济的井喷式增长，并形成以体育旅游为特色的区域旅游系统化、整体化发展。

第二章 研究背景

第一节 新时代召唤全域体育旅游产业创新发展

2017 年 10 月 18 日，中国共产党第十九次全国代表大会在北京开幕，中共中央总书记习近平代表第十八届中央委员会向大会做了题为《决胜全面建成小康社会 夺取新时代中国特色社会主义伟大胜利》的报告，十九大报告提出了中国发展新的历史方位——中国特色社会主义进入了新时代。这个新时代，是承前启后、继往开来、在新的历史条件下继续夺取中国特色社会主义伟大胜利的时代。

一、发展机遇

（一）产业发展进入新时代

尽管我国仍然处于工业化发展阶段，但工业占 CDP 比重的峰值已经出现。20 世纪 80 年代以来，我国工业在 GDP 中的占比逐年提高，2006 年达到 42.2% 的高峰。金融危机爆发后，在外部冲击与内部要素结构转变的双重作用下，工业比重持续下降，2013 年以来第三产业比重超过第一、第二产业，这意味着我国正在由工业主导型服务向服务业主导型转变。

实现我国经济战略转型、产业结构优化升级、发展方式转变等目标，服务业是关键，服务业是突破口。大力发展服务经济，实现经济跨越式转型，是当前我国的战略选择。经济全球化和国际产业重新布局的新趋势，将提供给中国一个全面提升现代服务业的机会，提高国际竞争力及其在世界经济分工中的地位，会成为中国进入后工业化时代面临的重要挑战。

旅游业作为我国现代服务业的重要组成部分，作为投资、消费和出口的重要领域，它的快速发展与崛起对构建我国现代服务经济体系具有重要的意义。

（二）需求发展进入了新时代

伴随人口结构的变化，储蓄率将逐步回落，投资增速将放缓，出口需求有所减少。我国需求结构将由原来的投资、出口拉动转为消费、投资、出口三大需求协同拉动，尤其是消费需求在三大需求中的贡献占比将不断提升。无论是产业发展的新时代还是需求发展的新时代，都为体育旅游产业发展创造了良好的条件。

作为国民经济滞后型产业，我国的体育旅游产业还处在一个高速发展阶段。可以说，我国的体育旅游产业还处在一个高速发展的常态，中国经济的新时代与体育旅游发展的时代所形成的态势差，必然会促使资源、资本和技术向体育旅游产业转移。2018年，我国有87.52亿元的投资进入了体育产业，体育产业不仅是一个巨大的消费领域，也是一个巨大的投资领域。

二、体育旅游新时代

首先我们要了解体育旅游的常态是怎样的。经过40多年的发展，旅游业取得了一些成就，但由于受我国社会经济环境的限制，体育旅游形成了固有的发展模式。我们从以下角度探讨体育旅游的新时代。

（一）从体育消费升级角度

面对正在兴起的大众旅游时代，我们必须考虑大众旅游需求的多样化、个性化发展态势，应深入研究消费升级，提供新型体育旅游产品，形成新的体育旅游业态。国办发〔2015〕62号与66号文件分别从新辟旅游消费市场、消费升级重点领域和方向等提出了旅游新业态的发展要求。从新辟旅游消费市场角度，提出了加快自驾车、房车营地建设、推进邮轮旅游产业发展、培育发展游艇旅游大众消费市场、大力发展特色旅游城镇、大力开发休闲度假旅游产品等。从消费升级重点领域和方向角度，提出要大力培育一些新业态，如乡村旅游、自驾车、房车旅游、邮轮旅游、工业旅游的服务消费升级；互联网旅游的信息消费升级；生态旅游的绿色消费升级；通用航空、邮轮等传统高端消费的时尚消费升级等。

（二）从旅游构成要素角度

2015 年全国旅游工作会议上，国家旅游局局长李金早在现有旅游六要素基础上进一步概括出新的旅游六要素：商、养、学、闲、情、奇。新旅游六要素的归纳演绎让人耳目一新，也使我们对体育旅游新时代的认识脉络更加清晰。

新旅游六要素分别对应不同的旅游新时代。例如，商务旅游、会议会展、奖励旅游等对应"商"；健康旅游、养生旅游对应"养"；乡村休闲、都市休闲、度假等各类休闲旅游对应"闲"；婚庆、婚恋、纪念日旅游等各类精神和情感的旅游对应"情"；探索、探险、探秘、游乐、新奇体验等探索性的旅游对应"奇"。

（三）从产业融合角度

旅游行业具有关联性、包容性与综合性，与其他相关行业进行广泛融合，从而造就旅游新时代。据此，"十三五"规划纲要指出，要推进农业与旅游休闲、教育文化、健康养生等深度融合，发展观光农业、体验农业、创意农业等新业态。要推进文化业态创新，大力发展创意文化产业，促进文化与科技、信息、旅游、体育、金融等产业融合发展。

三、体育旅游供给侧改革

体育旅游产业的供给侧改革是在体育产业领域内，按照国家供给侧改革的理念，调整体育旅游供给的总量和结构，从而更好地满足国民体育旅游需求的过程。它主要包含几个方面的内容：增加体育旅游供给总量、提高体育旅游供给质量、调整体育旅游供给结构、补充体育旅游供给短板。

（一）增加体育旅游供给总量

供给侧改革为体育旅游注入的是"一池活水"，它将激活产业发展内生动力。全国各地正在积极探索如何扩大产品供给。相对于重工业的产能过剩而言，体育旅游产业呈现的是产品的供给不足。为进一步丰富体育旅游业态，各地将重点推动国际体育精品赛事、户外探险、滨海旅游等一批新兴体育旅游项目。

（二）提高体育旅游供给质量

提高体育旅游供给质量，包括三个层面：第一，改善国内体育旅游市场环境，提高服务质量。近几年，国内旅游市场中，团队旅游市场上导游和游客矛盾尖锐，冲突时有发生；散客旅游市场也充斥着"坑蒙拐骗"现象，类似于"青岛天价大虾""哈尔滨天价鱼"等恶性事件时有发生。出现这种情况，说明中国旅游产品供给质量亟须改善。第二，提高体育旅游产品供给的科技水平，表现在旅游业内部应用互联网、高科技的规模进一步扩大，深化旅游体验。第三，旅游基础设施的不断完善，游客满意度的提高，这些都是提升旅游质量的重要支撑以及成功的标志。

（三）调整体育旅游供给结构

旅游业具有拉动最终消费、促进经济发展的客观作用，因此被一些地方政府寄予了过高的经济期望。旅游规划者为了迎合这一期望，在旅游开发和策划中不恰当地向高端市场倾斜，漠视中低端旅游者的诉求，忽视了体育旅游市场。在全国相当多的地区，规划者普遍偏向高端旅游产品，如高星级酒店、温泉产品、高端会展产品等。这种策划和决策导致高端旅游产品供给过剩，而庞大的中低档大众旅游群体，却缺乏满意的旅游产品和设施，缺少满意的体育旅游体验。

（四）补充体育旅游供给短板

旅游供给分为公共旅游供给和私人旅游供给。私人旅游供给由企业根据市场需求提供，是私人旅游产品；公共旅游供给主要由各级政府提供，是一种公共旅游产品。过去地方政府治理的理念，主要围绕户籍人口和常住人口提供相应的公共产品，如城市公共交通、基础设施等，在旅游目的地接待强度不高的情况下，矛盾尚不突出。但是随着旅游者出游率的提高，中国许多地区旅游接待能力持续增强，许多地区旅游者总数远远超过常住人口数倍，按照常住人口数量提供公共设施和产品，显然无法满足旅游者需求。这需要改变地方政府的治理理念和思维方式，其要认识到一个地区、一个城市，不仅仅是当地居民的城市，也是外来旅游者的城市，外来旅游者应享有相应的资源和设施占用权利。这要求城市在进行各类资源设施供给时，必须把旅游者需求放在和当地居民同等重要的地位进行考虑，如基础设施、交通运输线路等。

全民体育旅游时代已悄然而至，不难预见，未来体育旅游产业将异军突起，扮演着优化和调整体育产业结构的重要角色，成为拉动地区经济逆市上扬的强大引擎之一。为适应和引领经济发展新常态，加快转变体育旅游发展方式，各地都将着力推进体育旅游供给侧改革，增加体育旅游产品供给，改善体育旅游服务质量，扩大体育旅游消费市场，促进体育旅游产业持续快速健康发展，为经济稳增长、调结构提供持久动力。

第二节　休闲时代的到来为全域体育旅游产业提供发展机遇

一、全民体育旅游休闲时代

休闲时代产生的条件是多方面的。在所有条件中，"闲暇"和"有钱"是两个必要条件，而其他条件则可视为叠加非必要条件。收入与时间是休闲产生的两个基本要素。一个社会人可自行支配的收入和闲暇时间越多，就更有机会创造更多的休闲。然而，在当代社会中，休闲花费的增长速度远远大于收入的增长速度，这说明休闲的产生除了"闲暇"和"有钱"两个基本条件以外，还有其他影响休闲产生的条件。诸如思想观念、人口结构的现状及其变化趋势、都市化程度、交通发达程度、国际及本土化文化影响因素、体育旅游产业的发展程度、国际及国内的政治环境因素、汇率变化因素、国家政策引导等。

21 世纪初，据国际休闲研究权威人士预测，休闲将是 21 世纪全球经济发展的第一引擎，一个以休闲为基础的新社会有可能出现，到 2015 年前后，发达国家已进入休闲时代，一些先进的发展中国家紧随其后。以旅游、娱乐、体育、文化传播等为主的"休闲经济"将掀起下一个经济大潮。如今在我国不少以往主要依赖于制造加工业发展而繁荣的城市，如今其城市发展模式已经开始转向并依赖于休闲产业，如北京、上海、广州、深圳等一些现代化城市将率先在发达国家之后进入休闲经济社会，迎来一个全新的"休闲时代"。

"十三五"期间体育产业发展的目标是：全面落实《国务院办公厅关于加快发展体育产业的指导意见》确定的各项目标和任务，进一步完善体育产业扶持政策，建立体育产业发展政策体系；继续保持体育产业快速发展——体育产业成为国民经济的重要增长点之一；创建一批充满活力的体育产业基地，培养一批有竞争力的体育骨干企业，打造一批有中国特色和国际影响力的体育产品品牌；不断完善多种所有制并存，各种经济成分竞相参与、共同兴办体育产业的格局；优化体育产业结构，提高体育服务业的比重，加快区域体育产业协调发展；基本建成规范有序、繁荣发展的体育市场，促进体育相关产业发展，壮大体育产业整体规模，增强我国体育产业的整体实力，建立具有中国特色的体育产业体系。如今，有关体育旅游产业的开发、产品营销、商业化趋势正向每个城市和乡村扩展。

体育旅游产业在我国兴起的历史虽短，但其势头十分强劲，尤其这些年推动了社会经济的发展，丰富了人们的闲暇生活。我国是一个多民族国家，又是一个由计划经济体制向市场经济体制过渡、推行非均衡协调发展战略机制的国家，由此产生了多种文化、多个不同收入阶层并存等社会现象，人们对于休闲消费、体育健身就逐渐出现了多元化、个性化、不同层次、不同品位等需求。因此，体育旅游产品必须具有多样化，以满足不同文化、不同层次、不同品位等消费群体的体育需要。因此，如何使体育旅游产业走向一条积极、健康和可持续发展之路，尚有许多理论与实践方面的问题值得思考。

二、2015 世界休闲高峰论坛青岛宣言

"休闲"已经成为经济发展、社会进步和文化繁荣的重要内容，成为地区经济硬实力、生态软实力和文化软实力的重要象征，成为人本化、和谐化、国际化的重要体现。为更好地推动休闲产业健康发展，2015 世界休闲高峰论坛在青岛莱西一致通过本宣言。

第一，保障休闲权利，加强休闲教育。加强休闲教育，引导人们树立正确的休闲观，倡导健康科学的休闲方式。以学校、机构和社区相结合的方式，创新人才培养模式，提高休闲教育质量，进行休闲技能培训，丰富人们的休闲选择，改善人们的休闲体验，满足日益增长的休闲消费需求。

第二，推动产业融合，创新休闲供给。积极推动休闲产业与其他产业的融合，大力发展休闲农业、休闲工业和休闲商业，创新建设文化休闲、体育休闲、海洋休闲、山地休闲、养生休闲等多元化的休闲产品。积极利用大数据、云服务的发展，构建"休闲＋"的产业发展体系。围绕需求链、形成服务链、培育产业链、扩大产业面、壮大产业群，全面推动休闲产业群的形成。

第三，完善休闲设施，优化休闲环境。完善城乡休闲产业专项规划，加强各类休闲区建设，拓展都市休闲、乡村休闲发展空间。支持汽车旅馆、自驾车房车营地、邮轮游艇码头等旅游休闲基础设施建设，加强公园绿地、绿道等公共休闲场所保护，完善城乡公共休闲设施，推进休闲服务信息共享，全面优化城乡休闲环境。

第四，倡导休闲运动，发展体育休闲运动。创建一批休闲运动基地，依托海洋、海岸和海岛，积极发展海洋休闲运动；依托山地和丘陵，积极发展山地休闲运动；依托内陆河湖，积极发展水上休闲运动；抓住低空开放机遇，大力发展低空休闲运动。构建体育场馆、学校、培训基地、社区和乡村活动中心等多元化、多层次的休闲运动场所体系，促进全民休闲体育运动的发展。

第五，制定休闲标准，强化休闲服务。突出休闲标准的引导作用，以标准指导产业发展，以标准引领产业进步。建立健全休闲活动的安全、秩序和质量的监管体系，加强跨行业、跨地区、多渠道的沟通和协调，完善国民休闲质量保障体系。推行休闲礼仪培训，制定具有地域特色的休闲服务标准，树立休闲服务品牌形象，增强休闲服务的软实力。

第六，促进区域合作，共享休闲成果。加强休闲教育、休闲文化、休闲产业等领域多方面、多层次的区际交流和国际交流，加强区域之间、政府间和民间的合作交流，鼓励投资建设休闲设施的资金双向或多向流动，通过市场共建、客源共享、交互宣传等多种方式，促进区域之间的合作，共同做大做强休闲市场，分享休闲发展的经验，共享休闲发展的成果。

2019 年 7 月 24 日，中央全面深化改革委员会第九次会议明确在青岛建设中国—上海合作组织地方经贸合作示范区，中央定调两大新示范区：南深圳、北青岛，在青岛建设中国—上海合作组织地方经贸合作示范区，旨在打造"一带一路"国际合作新平台，拓展国际物流、现代贸易、双向投资合作、商旅文化交流等领域合作，更好发挥青岛在"一带一路"新亚欧大陆桥经济走廊建设和海上合作中的作用，加强我国同上合组织国家互联互通，着力推动东西双向互济、陆海内外联动的开放格局，为发展全域体育旅游提供了机遇。

第三节　发展休闲体育产业是全面建设小康社会的必然要求

从"实现中华民族伟大复兴的中国梦"的高度来看，大力发展体育旅游产业，是事关全面建设小康社会的一件大事。全面建设小康社会不是单纯的经济概念，还具有深远的文化内涵和重大意义。现阶段，我国正处于全面建设小康社会的关键时期，大力发展体育旅游产业，对于扩大就业、缩小贫富差距、提高人民生活质量，对于构建和谐社会具有积极的意义。

全面建设小康社会应该摒弃单纯的经济第一的思想，要加大体育文化建设的力度，使体育文化建设对小康社会做出贡献。发展体育旅游产业之所以能成为全面建设小康社会的重要使命之一，主要原因在于：休闲体育活动有助于人们形成健康文明的生活方式。休闲体育作为一种积极的休闲生活方式在发达国家广为接受。世界卫生组织（WTO）则将体育视为一种"积极生活"方式，并于 1997 年在日内瓦召开以《"积极生活"：体育与健康》为主题的会议，使体育成为人们保持积极向上精神状态的一种休闲方式，并成为社会保持其生机勃勃活力的发动机。因此，加大力度发展体育旅游产业，丰富人民群众的体育文化生活，是全面建设小康社会的必然要求。一方面，中华民族要屹立于世界民族之林，就必须提高国民整体素质，而整体素质的提高，离不开国民身体素质的提高。体育健身可以增强人民体质，提高健康水平，形成科学健康的生活方式，增强人与人之间的交流，有利于建立和谐互助的人际关系，这些体育旅游的具体功能都与全面建设小康社会紧密地结合在一起。另一方面，随着全面小康社会精神文明建设以及经济高速的发展，体育旅游产业的发展也是必然的，如何因势利导，并逐步完善其产业结构、产业布局以适应全面小康社会建设的需要，以推动和谐社会的构建以及国民经济健康、可持续发展，也是体育与经济领域予以关注的课题。

第四节　全域体育旅游理论为研究提供了新的视野

本书提出的"全域体育旅游"概念，在以往的研究中只有李燕、骆秉全和孙中芹等专家在文献中做出了界定。孙中芹（2019）认为，全域体育旅游是观看、参与、体验体育活动及文化的旅游，它不同于一般体育旅游，它是以全域为节点，观看或参与体育活动为主的旅游，与传统的体育旅游相比，全域体育旅游参与人员广泛、涉及体育品牌项目多样、活动范围大、增加大众的休闲活动和人际交流的活动，随着旅游业的发展，全域体育旅游做到了产业融合，将休闲、娱乐、健身等融为一体，形成城乡一体化体育旅游产业。全域体育旅游产业主要以区域经济学、产业经济学、旅游学、体育学、传播学等学科为理论基础，采用宏观、中观和微观三个层次的视角进行研究。

　　全域体育旅游产业发展的理论研究是建立在客观认识体育旅游产业的基础上，对体育旅游产业概念的界定、分类等问题的分析讨论，为全域体育旅游产业发展的理论奠定了必要的理论基础。本书所选择的"全域体育旅游产业创新发展"这一主题，主要是通过分析和研究，探讨与"全域体育旅游产业"有关的几个重要理论与实践问题，试图解决有关的体育旅游、体育旅游产业的认识问题、全域体育旅游产业的概念及其发展的理论问题、青岛全域体育旅游产业发展的战略问题以及将上述研究的理论与方法具体应用于指导山东半岛、山东省全域体育旅游产业的发展问题。

　　此外，全域体育旅游作为一种新的区域协调发展理念和模式，既是经济社会资源与旅游资源、体育产业的全面、系统的优化提升，也是产业融合发展的要义所在。李金早指出，从封闭的旅游自循环向开放的"旅游+"融合发展方式转变，是全域旅游的重要特征之一。要加大旅游与农业、林业、工业、商贸、金融、文化、体育、医药等产业的融合力度，形成综合性新产能。从产业融合角度理解新常态可以大大拓展旅游业的发展空间，符合旅游业的产业特征与规律。

第五节　"南深圳、北青岛"为本研究提供实际支撑

　　随着全面建设小康社会的不断深入，社会经济发展水平不断提高，人们的生活质量和生活观念有了大幅度的改善，以服务业为主的第三产业正以前所未有的速度快速发展。体育旅游要成为未来我国社会经济战略性支柱产业，要成为人民满意的现代服务业，必须以平稳的心态来重新寻找中国体育旅游发展道路，必须以创新的精神来构建体育旅游运行方式，必须以市场的决定性力量来开创适应我国体育旅游发展的新时代之路。

　　2018年1月，"全域旅游、全新追求"青岛旅游主题发布会将全域旅游营销作为创新发展重点，旨在深化旅游供给侧改革，构建"全域旅游"大格局；未来几年，青岛将继续以实施全域旅游为统领，坚持从根本上转变传统理念和方式，深化全域旅游，着重加强滨海度假旅游、海洋休闲旅游、融合创新旅游、

品质乡村旅游和服务输出旅游等建设，在"海洋休闲旅游"中"要大力发展海洋体育"、在"融合创新旅游"中"要加强旅游与体育产业的深度融合，挖掘打造休闲体育新业态"，旨在全面提升旅游的牵引力和融合力，积极发展"旅游＋"产业链。在这样一个大背景下，全域体育旅游产业作为社会文化活动的一个重要组成部分应运而生，同时，全域体育旅游产业的发展必然受社会、经济、政治、文化发展水平的制约与影响，并随着产业结构的调整，全域体育旅游产业已显现出巨大的发展空间。

"学深圳、赶深圳"和青岛市 15 个攻势的逻辑起点，就是青岛结合自身实际，落实习近平总书记"办好一次会，搞活一座城"、建设现代化国际大都市和山东要在全国开放的大局中打造对外开放新高地等一系列重要指示精神的具体行动；《中国—上海合作组织地方经贸合作示范区建设总体方案》的审议通过，是习近平总书记和党中央从国家战略的层面给青岛赋予的新的更高的使命。体育旅游产业在国民经济中的重要地位已经得到广泛认同，全面建设小康社会和构建和谐社会的作用正逐渐显现出来，青岛全域体育旅游产业的"示范效应"显得尤为重要。

本书选择"全域体育旅游产业创新发展"作为研究主题，其主题思想就是要建立一种以全域体育旅游产业理论为内容，以系统观、科学发展观、整体观为特征的宏、中、微观发展理念，并将之与青岛的体育实践密切结合起来，积极打造"青岛全域体育旅游样板"。

第三章　体育旅游产业概述

在对体育旅游业进行分析时，首先应明确体育旅游的相关概念，在此基础上才能进行科学研究。本章首先对体育旅游进行基本概述，在此基础上对其产生与发展进行探讨，最后对体育旅游者、体育旅游业、体育旅游资源等进行解析。

第一节　体育旅游

一、体育旅游的概念与结构

随着经济社会的发展，各方面的竞争也更加激烈，在现代社会，人们普遍面临着较大的社会压力，特别是一些上班族，他们的生活、工作压力特别大，适当进行休闲就显得尤为重要。虽然各种休闲娱乐设施不断兴起，但是人们更愿意到新的地方去体验新鲜感。因此，体育旅游正成为很多人的选择。

体育旅游可理解为有身体参与性活动的异地休闲活动。这种方式的活动具有良好的体育锻炼价值，能够促进身心健康发展，增长相应的知识。体育旅游对于上班族来说，具有强身健体的作用。同时，在旅游过程中，还可以开阔眼界，增长见识。

我国社会正在逐步进入老龄化阶段，各项休闲娱乐具有"轻体育"的倾向。轻体育有益于人体健康发展，还能够促进精神和心理方面的调节，对于中老年人来说具有重要的价值。体育旅游属于一种"轻体育"，对中老年人特别适合。

（一）体育旅游的内涵

体育旅游是体育活动与旅游活动相结合的产物，几年来，随着体育旅游的不断兴起，学者对其理论也在不断深入地进行研究。关于体育旅游的概念，人们并没有达成一致说法，各位学者都从不同的方向提出了个人的观点。

通常情况下，体育学研究者对于体育旅游的概念界定从广义和狭义两个方面入手；而旅游研究者则往往从参与动机和旅游属性这两个方面进行分析。目前，人们对于体育旅游概念的界定主要有如下几个代表性的观点。

学者翁家银认为，人们参与体育旅游活动时，其最为主要的目的是参与各种体育活动，只不过这一过程是在旅游时实现的，这能够增加人们参与体育活动的乐趣，并满足人们多方面的需求。学者王丙新也认为，人们参与体育旅游活动的主要目的是参与和观赏体育旅游活动。体育旅游具有旅游活动和体育活动的双重属性。

学者于莉莉认为，体育旅游活动以一定的体育资源作为基础，在此基础上开展相应的具有体育意义的活动内容，其主要目的是满足和适应体育旅游者自身的体育需求。学者杨月敏也认为，体育旅游将人们参与的各种体育活动作为主要的旅游活动内容，通过参与这些活动，人们不仅享受到运动的乐趣，还能够掌握相应的运动知识，并体验相应的文化和风俗。

学者韩丁认为，体育旅游融合了体育、娱乐、探险、观光等活动形式，是一种新型的服务产业。

学者史常凯、何国平认为，体育旅游首先是以旅游为目的的，其是一种特殊的旅游活动，主要内容是为了参与体育活动或观赏体育活动。

学者徐明魁认为，体育旅游活动首先是旅游业的重要组成部分，只不过其是以一定的体育旅游资源和设施为条件的，其产品主要是各种旅游活动。体育旅游的生产者能够为体育旅游者提供健身、娱乐、休闲、交际等综合性服务。而从狭义上来看，体育旅游活动是进行交流、参加会议、参与运动竞赛等的旅游。而从广义上来看，其是以各种形式的体育运动为主要目的和内容的旅游，是旅游与体育融合形成的一种新的旅游项目。

学者陈绍艳、杨明则认为，从广义上来看，体育旅游以体育资源设施为基础，以各项体育健身娱乐活动为主要内容，通过旅游商品的形式来为旅游者提供融合各种健身、娱乐、休闲、交际等服务的一种经营性项目群。而从狭义上来看，体育旅游主要是借助各种体育活动形式来满足旅游者体育健身、娱乐的需求，实现旅游者身心健康发展的一种活动形式。

学者王天军也认为，体育旅游活动是一种以从事体育项目为主要内容的旅游活动，其主要目的是休闲度假、观光探险、康体娱乐等。其作为一种旅游新产品，通过对体育资源的充分利用来引起旅游者的消费欲望。

学者昌晶亮对体育旅游进行了广义上的概括，其认为体育旅游是人们出于体育方面的动机而进行旅行和逗留，从而引起的人、地、事三者之间的关系和由这些关系所引起的现象的总和。

总而言之，学者对于体育旅游概念的界定众说纷纭，不一而足。而对体育旅游展开深入研究的基础就是要首先对其概念进行科学的界定。通过对学者的各方面的观点进行分析和总结，笔者从广义和狭义两个方面对体育旅游的概念进行了分析。具体分析如下。

从广义上来看，体育旅游应归为旅游的范畴，其是在旅游过程中各种体育、休闲、娱乐、体育文化交流等方面的活动与旅游地、旅游企业及整个社会之间关系的总和。

从狭义上来看，体育旅游是旅游者为了满足体育需求，借助各种体育活动，并充分发挥其各种功能，使旅游者的身心得到和谐发展，并促进社会精神文明进步和社会文化生活不断丰富的一种旅游活动。

（二）体育旅游的基本结构

体育旅游可视为体育与旅游活动的结合，但是并不是两者简单的相加。体育与旅游的结合过程中，一些相互联系的学科也发生了新的变化，促进了体育旅游理论的形成和发展。图 3-1 对探险、体育、休闲与旅游的相关活动关系进行了展示。

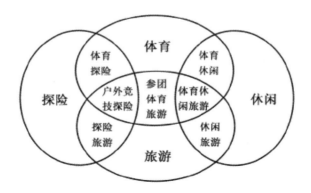

图 3-1　探险、体育、休闲与旅游的关系

从图 3-1 中可以看出，探险、体育、休闲与旅游相互结合、相互影响，从而形成了体育旅游活动。图中体育与休闲的橄榄形交集即为体育旅游，其同时又受到探险活动和休闲活动等的影响。

如图 3-1 所示，体育旅游分为三部分，中间是参团体育旅游，主要包括观赏型体育旅游（如活动内容主要是观看体育赛事和参观体育场馆设施）和参与性参团体育旅游（如自驾车团、自行车骑游团或到达目的地后从事相对轻松的体育活动等）。

图 3-1 中心橄榄型的两端，一边是体育休闲旅游，其属于休闲体育的一部分。休闲体育是用于娱乐身心、休闲自我的各种体育活动，其是人们在余暇时间进行的，以满足自身发展需要和愉悦身心为主要目的，并且具有一定文化品位的体育活动。

图 3-1 中心橄榄型的另一端则是户外竞技探险，这一类型的活动对人们的要求相对较高，需要参与者具备相应的技术能力和体能素质。

二、体育旅游的特点

相较于一般旅游活动，体育旅游具有如下几方面的特点。

（一）回头客较多

传统旅游活动的主要目的是对景区的景点进行观光，人们在旅游时，一般都是一个地方只去一次，以了解不同的文化。但是体育旅游活动则不同，人们在参与体育旅游活动之后，会对相应的体育运动形式保持一定的喜好，还会重复参与其中，从而使得人们在一个地方进行体育旅游的次数较多。例如，人们在参与冰雪体育旅游时，喜欢滑雪、滑冰的人会经常参与这一活动；喜欢潜水、游泳等的人同样会经常参加滨海体育旅游活动。

（二）技能要求较高

传统旅游活动对旅游者没有相应的技能要求，所有人都可参与其中。而体育旅游活动则不同，人们在参与旅游活动的过程中，会参与各种形式的体育活动，这就需要参与者具有一定的技能基础，还应具备良好的身体素质基础。特别是一些户外竞技探险类体育旅游活动，更需要运动参与者具备良好的体能水平，其对技能要求也更高。例如，登山、攀岩等，都需要旅游者具备良好的体能和技能基础，还需要具有良好的运动装备，有时甚至需要进行专业的培训，才能够开展相应的体育旅游活动。

（三）风险性

体育旅游活动与一般旅游活动相比，具有一定的风险性。所谓风险，即在体育旅游过程中发生特定危险情况的可能性，其具有不确定性和损害性。在体育旅游活动中，有很多项目是人向大自然的极限挑战，在参与这些类型的运动时，必然会存在一定的风险。例如，在参与登山、潜水、滑雪等运动时，都可能遭遇突发的危险。在滑雪过程中，可能会发生雪崩自然灾害，从而造成伤亡事件；在潜水时，可能会遇到水母，有中毒的危险；而当在攀岩、登山时，更容易出现各种危险事故。

总而言之，在体育旅游过程中，自然因素、人为因素等方面的影响，会造成相应的事故。有时，很多事故是可以避免的，但是自然因素造成的事故不可避免。因此，在参与具有一定的危险性的体育旅游项目时，应做好充分的准备，积极防范突发事故，当事故发生时，能够积极应对。

（四）消费性

与传统旅游活动相比，体育旅游活动的成本相对较高。具体而言，其包括以下几方面。

首先，旅游者在参与相应的体育旅游活动时，需要掌握相应的知识和技能，有时甚至需要进行专门的培训，这就需要花费一定的资金。

其次，一些体育旅游项目需要相应的装备、设备，需要旅游者购置或租赁，花费一定的成本。

再次，在参与体育旅游活动时，有时需要专业的导游或专职教练，甚至需要聘任专业向导。

最后，上文我们提到，体育旅游具有一定的风险性，这就要求体育旅游参与者应特别加强防范，如购置防护装备和意外保险等，从而增加成本。

体育旅游以区域自主管理为主，这就需要制定相应的管理标准，提高其要求。体育旅游产品众多，消费者根据自身的喜好选择相应的体育旅游项目，体育旅游消费具有多层次性特点。体育旅游参与者收入水平不同，则对体育旅游产品的价格接受程度也不同。

（五）体验性

现代经济社会发展过程中，人们往往较为重视体验性，如在开展经济活动中，人们提出了体验式消费，让消费者在消费过程中获得良好的心理体验。特别是一些服务行业中，让消费者获得良好的心理和情感体验尤为重要。体育旅游活动是一种服务产业，旅游者参与的过程在一定程度上也可以看作一种体验的过程。体育旅游者并不是单纯地参观、欣赏相应的景观，而是要充分参与其中，获得良好的情感体验。

体育旅游的体验性是当前体育旅游市场发展的产物，迎合了旅游者的需求。体育旅游以相应的旅游资源和体育资源为基础，向旅游者提供综合性的服务，整个过程中，能够使得旅游者获得更好的体验，享受到运动和旅游的快乐，从而对体育旅游的喜爱更加热烈。

体育旅游中，旅游者不仅能够欣赏相应的景色，更能够充分参与和体验其中。体育旅游业是以出售体验为主的行业。在整个体育旅游过程中，如果游客不能获得良好的情感和心理体验，那么这项体育旅游活动无疑是失败的，难以吸引人们的到来。

总而言之，现代体育旅游活动不仅要让游客获得"五官需求"的满足，同时还应满足其体验需求。游客通过自身充分参与体育旅游活动，获得心理的满足。

（六）地域性

体育旅游具有地域性特点，不同地区，具有相应的地域差异性，从而相应的体育旅游业也具有了地域性特点。体育旅游活动的开展依赖于当地的自然环境资源。例如，在我国北方地区，特别是东三省，冬季严寒，其冰雪体育旅游活动开展良好；而我国沿海地区具有良好的海洋资源，其滨海体育旅游业开展良好；我国中西部多山和沙漠，其也形成了独特的体育旅游资源优势。

三、体育旅游的基本类型

体育旅游可以分为不同的类型，可以从体育学、旅游学、休闲学和探险学等角度对其进行综合分类。具体来说，体育旅游的类型结构如图 3-2 所示。

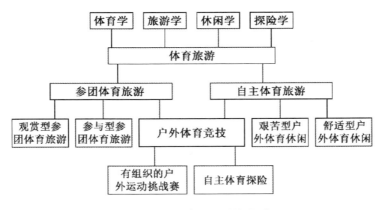

图 3-2　体育旅游的结构类型

通过图 3-2 的分析可知，人们一般将体育旅游分为参团体育旅游和自助体育旅游两大类，而其又可具体分为不同的小类。具体分析如下。

（一）参团体育旅游

人们一般将参团体育旅游分为三类，即观赏型、参与型和竞赛型，这些形式的体育旅游类型都有相应的自身特点。

1. 观赏型

在参团体育旅游中，观赏型的体育旅游的旅游者参与程度相对较低。在观赏型体育旅游活动中，旅游者主要通过自身的感官来欣赏和体验体育活动、体育景观和体育文化等，从而在这一过程中获得良好的愉悦感受。旅游者在参与过程中，相应的费用一般一次性缴纳，并且旅游组织者统一安排各项活动，内容相对较为固定，个人的活动自由度相对较小，体能消耗也很小。

2. 参与型（包括团队体育休闲）

参与型参团体育旅游活动与观赏型活动相比具有很多相似之处。具体而言，其都是由体育旅游部门进行统一安排的，并且都是一次性缴纳相应的费用。其不同之处主要表现在如下两方面：参与型参团体育旅游活动不仅需要旅游者观看，还需要亲身参与其中；参与者需要在相关人员的指导下来完成相应的体育运动项目，但是其参与的活动主要以体验、感受和娱乐为目的。这一类型的活动虽然个人的自由度也相对较小，但是活动消耗相对较大。

3. 竞赛型

竞赛型参团体育旅游活动主要是以参与某种体育竞赛为主要目的而进行的旅游活动，这一类型的活动对于团队行为的要求相对较为严格，对于参与者的年龄、性别和团队的人数等都有一定的要求，一般多为报名参加的形式。

竞赛型参团体育旅游的特点主要表现为：较为注重团队，几乎没有个人自由，需要在规定时间内完成相应的竞赛项目，并且具有较强的挑战性，参与者承受的身体负荷比前两者都要大。

（二）自助体育旅游

自助体育旅游是一种非常流行的旅游形式，尤其是随着私家车的增多，人们通常利用节假日进行自驾游。这一类型的体育旅游活动很少依赖外界的帮助，通常自己来安排相应的体育旅游项目。通常情况下，可以将自助体育旅游类活动分为两类：户外体育休闲和自助户外竞技探险。

1. 户外体育休闲

户外体育休闲以体育活动为主要内容，其旅游形式相对较为自由，没有相应的限制。户外体育休闲类的体育旅游活动包括度假型体育旅游、健身娱乐型体育旅游和保健体育旅游。下面对这三方面的体育旅游类型进行分析。

（1）度假型体育旅游

度假型体育旅游正如其名称那样，旅游者主要是为了度假而进行的旅游活动，通常人们会利用长假，如国庆黄金周、春节等来进行体育旅游活动。旅游者在参与这一类型的体育旅游活动过程中，能够达到消除疲劳、调整身心和排遣压力等方面的效果。

（2）健身娱乐型体育旅游

健身性体育旅游以体育健身、疗养和体育康复为主要目的。健身娱乐型的体育旅游更加注重娱乐性健身理念，在娱乐过程中具有明确的健身目的。

（3）保健体育旅游

保健体育旅游具有非常强的目的性，人们参与这一类体育旅游的主要目的是治疗疾病、恢复体力等。具体而言，这一类体育旅游主要有如下两种类型。

第一，将按摩、药疗、电疗、食疗、针灸等技术与矿泉、森林、气候等具有疗养价值的自然条件相结合，以达到帮助参与者治疗和康复身体的目的法疗养旅游，比较常见的有高山气候疗养、海滨度假等。

第二，在自然条件下，进行登山、滑雪、冰上活动、游泳、划船、打高尔夫球等旅游活动的体育旅游。

2. 自助户外竞技探险

自助户外竞技探险特点显著，其具有挑战自我和自然的特点，与各种户外体育运动具有密切的联系。参与这一类型体育旅游的游客个性较强，将自身与大自然作为对手，不断挑战自我的极限，不断征服自然。竞技探险类体育旅游项目包括登山探险、地下洞穴探险以及高空跳伞等活动。

第二节　体育旅游的产生与发展

一、国外体育旅游业的产生与发展

体育旅游业大体上与现代旅游业同步产生和发展。早在 19 世纪 50 年代，英国就成立了相应的登山俱乐部，为登山旅游者提供相应的旅游服务。在 19 世纪 80 年代，欧洲其他一些国家出现了滑雪俱乐部，为旅游者提供相应的滑雪服务；在这一时期，英国户外运动获得了进一步发展，一些野营（帐篷）俱乐部开始成立，向野外旅游者提供相应的野外食宿设施和相关的服务。在 19 世纪 90 年代末，法国和德国等一些发展程度相对较高的国家出现了相应的休闲观光俱乐部，向人们提供一定的旅游服务。

在 19 世纪中后期，受到工业革命的影响，欧美的一些国家得到了迅速发展，人们的生活水平逐步得到提高，闲暇时间也相应增多，经济社会的发展也促进了人们的思想的发展，休闲、健身、娱乐等活动成为备受人们追捧的时尚活动。在这一发展环境下，一些综合性的活动场所，如度假中心、娱乐场所等开始不断出现。这一时期，各种形式的室内体育娱乐项目和户外体育娱乐项目得到了较大的发展。

20 世纪初，西方发达国家的体育健身娱乐业逐渐发展，并形成了一定的规模。例如，在 20 世纪 20 年代末，美国的休闲娱乐业已经占到了国民收入的 1%。在第二次世界大战之后，和平和发展成为时代的主题，各国经济快速发展，这也促进了体育旅游业的快速发展。在多种形式的体育旅游活动中，滑雪运动发展尤为快速。至 20 世纪末，滑雪爱好者超过 4 亿人，滑雪行业的年收入也在 500 亿美元左右。在欧美等国家，滑雪旅游成为许多冰雪资源丰富的国家的重点发展产业，每年都有大量的人参与到冰雪旅游活动中去。

20 世纪中后期，随着各国将重心转移至经济社会的发展方面，各国的经济快速发展。旅游业不断繁荣，而各种体育运动项目在世界范围内逐渐被普及和传播，欧美一些国家的体育旅游项目得到了快速发展。各种形式的户外运动项目不断涌现，人们参与户外运动锻炼的愿望也逐渐增强。很多地区借助相应的地理环境优势，形成了著名的体育旅游胜地，每年都吸引大量游客到来。西方发达国家体育旅游业发展水平相对较高，其滨海体育旅游业发展较为完善，形成了一些著名的体育旅游城市，如德国的基尔、澳大利亚的墨尔本、南非的开普敦等。

在亚洲发展水平相对较高的国家，如日本和韩国，在很多旅游点设立了各种形式的体育娱乐项目，建有相应的体育设施，为旅游者提供相应的健身娱乐服务。在欧美发达国家，各种形式的回归自身的户外运动也相当普及。

20 世纪 70 年代，美国学者阿尔文·托夫勒在《未来的冲击》一书中将体验经济的概念提了出来。体验经济是继农业经济、工业经济、服务经济后的另一大经济形式。1999 年，美国经济学家约瑟夫·派恩和詹姆斯较为全面地解释了体验经济，并将体验经济会取代服务经济的观点提了出来。

很多学者认为，未来将属于体验经济的时代，人们更加注重消费过程中的情感和消费体验。而一些传统的旅游业模式相对较为单一，人们参与时，并不能完全融入其中。体育旅游业具有鲜明的体验性，旅游者能够充分参与其中，这顺应了时代发展的需求，因此得到了快速的发展。

体育运动项目具有较强的观赏性，人们在观赏高水平的体育赛事时，往往能够获得心理的满足。因此，近年来一些观赏体育旅游业也逐步兴起。在奥运会、世界杯足球等高水平大型赛事举办期间，观赏性体育旅游者大量增多。在举办这些大型国际赛事时，举办国往往利用这一机会，积极开发体育旅游项目，各方都能够寻获商机，促进当地经济的发展。

在 1988 年韩国汉城奥运会举办期间，有数十万人前往韩国观看奥运会，给当地带来了一定的经济收益。2016 年里约奥运会更是吸引了大量的体育旅游人群。奥运会观赛旅游成为一种热门旅游项目，吸引了世界各国的人们参与其中。相关的资料显示，我国 2016 年 1—8 月出游南美的预定人数同比增长150%，可见观赛旅游对人们的吸引力。除了奥运会之外，足球世界杯也是吸引大量体育旅游者的重要比赛项目。

二、国内体育旅游的产生与发展

我国地域广博，很多地区有着丰富的体育旅游资源。另外，我国历史悠久，很多民族传统体育旅游项目是重要的体育旅游资源。良好的自然环境条件和人文环境条件为我国体育旅游的发展创造了良好的基础。

在我国东北地区，冬季寒冷而漫长，这为开展冰雪体育旅游创造了良好的条件。东三省的冰雪体育旅游业发展迅速。我国有着漫长的海岸线，一些著名的海滨城市也成为人们进行体育旅游的理想去处。我国山脉众多，风景瑰丽，这为山地体育旅游创造了良好的条件，近年来，参与山地体育旅游人群也在不断增多。

我国的体育旅游业发展起步相对较晚，这是由多方面原因造成的。新中国成立之初，百废待兴，人们的生活水平相对较低，这一时期体育旅游业发展的社会经济基础还不存在。其后，我国在摸索中求发展，走了一些弯路，体育旅游业发展水平相对较低。我国体育旅游业实现快速发展是在改革开放之后。通过进行改革开放，我国的经济社会快速发展，人们的生活水平不断提高，各种旅游设施不断完善，人们的旅游需求也在不断增长。

体育旅游是一种新型的休闲娱乐方式，具有娱乐性、健身性、刺激性等特点，逐渐受到人们的欢迎。户外运动的发展激起了人们参与体育旅游的兴趣。

我国体育旅游产业的发展水平与发达国家还有很大的差距，但是其发展前景较为广阔。随着人们生活水平的提高，体育旅游业也必将迎来新的发展浪潮。目前，我国很多地区的体育旅游资源丰富，但是体育旅游业发展相对滞后，有待进行发掘。

在各种形式的体育旅游项目中，我国的滨海体育旅游业发展相对较好。我国良好的海洋和海岸资源为很多城市开展滨海体育旅游业创造了良好的环境条件。滨海体育旅游业在我国具有良好的发展势头，并且随着经济社会的发展，其逐渐发展成为融合滨海休闲、健身娱乐等为一体的独立经济产业形态。我国很多省市的滨海体育旅游产业正向着国际化的方向发展，每年都会吸引大量的中外游客参与其中。我国海南省具有得天独厚的气候条件和资源条件，如今海南省的体育旅游在国际上具有较高的知名度。

人们认为，21 世纪以来，世界各国将逐步进入"休闲时代"，体育健身、娱乐旅游等将成为人们的一种重要的休闲方式。我国的体育旅游产业将在未来几年快速发展。有数据显示，目前中国体育旅游产业每年增长 30% 到 40%，体育旅游市场正成为中国旅游休闲领域的亮点。如今，一些旅游企业推出了多种国内外体育赛事观光旅游产品，如 NBA 常规赛观赛旅游、英超赛事观赛旅游、大满贯赛事观赛旅游、F1 赛事旅游等。当前我国的体育旅游市场有待进一步开发，预计未来几年，体育旅游市场产值将提升到占全国体育旅游收入的 25% 左右。

第三节　体育旅游者

一、体育旅游者的定义

体育旅游者即参与体育旅游活动的人，其是为了获得精神满足和自我实现等而离开常住地，参与或观赏各种形式的体育活动，在这一过程中进行了一定的经济消费。具体而言，体育旅游者具有如下几方面的内涵。

第一，体育旅游者参与体育旅游活动的主要目的是满足自身的精神享受和现实需要。如今，那些一般性的观光旅游活动已经逐渐不能满足体育旅游者的需求，体育旅游这一特殊的旅游活动形式具有较强的参与性和体验性，旅游者参与其中，能够获得良好的情感体验。体育旅游形式多样，可以满足人们不同的需求，达到实现自我，提高自我的精神追求。

第二，体育旅游者在参与体育旅游活动时，参与时间一般都在一天以上。人们参与一天以内的活动时，多为一般性体育活动或活动观赏，而一般意义上的体育旅游活动需要离开居住地，时间相对较长。

第三，体育旅游者参与的是以体育活动为主体的旅游活动，在参与体育旅游活动时，人们将体育运动作为旅游活动的重要手段，如进行徒步游、骑行等。同时，人们在到达目的地之后，也可进行各种形式的体育活动，如滑雪、冲浪等，或观看各种形式的体育赛事。在没有参与各种形式的体育活动的情况下，旅游者并不是体育旅游者。

第四，人们在参与各种形式的体育旅游活动时，需要一定的成本支出，如体育旅游的装备和体育旅游的过程都需要一定的经济支出，这是不可避免的。

二、体育旅游者的类别及特征

体育旅游者根据不同的划分标准分为不同的类型，具体而言，体育旅游者的类别划分及其特征如下。

（一）按体育旅游外环境类型划分

根据旅游者参与体育旅游的外环境类型进行划分，可将体育旅游者分为山地项目型、水上项目型、空中项目型、冰雪项目型。

1. 山地项目型

参与山地项目型的体育旅游者相对较多。这些项目主要以山地资源为基础，人们在此基础上开展各种形式的体育旅游活动。体育旅游者经常开展的活动项目主要有：登山、攀岩、高山探险等。山地体育旅游发展迅速，备受人们青睐。

2. 水上项目型

参与水上项目的体育旅游者也较多，其主要依托于各种水资源而开展各种水上体育旅游活动。人们参与水上体育活动多在夏季，或在热带地区进行。其体育项目包括冲浪、帆船、漂流等。

3. 空中项目型

体育旅游者参与空中项目的人数相对较少。空中项目是在近年来逐步兴起的，这类项目成本相对较高，参与者多具有较高的收入。这一类型的运动项目包括跳伞、滑翔伞、翼装飞行等。

4. 冰雪项目型

冰雪项目近年来也展现出了良好的发展势头，尤其是冬季奥运会的申办成功，吸引了更多的人参与到冰雪项目中去。冰雪型项目受到季节的影响，在东三省开展较为广泛。常见的冰雪类项目包括滑雪、滑冰等。

（二）按运动强度及危险性划分

1. 休闲健身型

休闲健身型体育旅游者参与的体育旅游活动多为一些相对较为休闲，充满娱乐感的运动项目，运动量不大，具有安全保障。这些运动项目包括钓鱼、打高尔夫球等，参与这些类型的体育旅游活动项目的主要目的是放松身心，对体育旅游者的技能要求不高，体育旅游者对于名次不会太在意。

2. 技术竞赛型

技术竞赛型体育旅游者参与体育活动时，对于名次相对较为注重，并且自身具备一定的运动技能。很多人进行体育旅游活动就是为了夺得相应的运动成绩。具体而言，这一类型的体育活动项目包括帆船、定向越野、滑雪等。

3. 冒险刺激型

冒险刺激型体育旅游者参与的体育活动项目包括漂流、攀岩、蹦极等活动。这一类型的体育旅游者通过参与这些形式的体育活动来挑战自我，对于一些平淡无味的旅游项目并不喜欢。近年来，参与这一类型活动的旅游者不断增多。

（三）按年龄阶段划分

1. 少年儿童体育旅游者

少年儿童体育旅游者是在父母和学校的引导下来开展各项体育旅游活动的。家长为了培养儿童各方面的能力，会让少年儿童参与各种形式的"训练营""夏令营"等。少年儿童参与这些活动的时间相对不长，并且强度相对较小。

2. 青年体育旅游者

青年体育旅游者是相对较为活跃的群体，其喜欢追求时尚，喜欢挑战自己，追求刺激和冒险，因此在参与体育旅游时，其多选择一些漂流、越野、登山等运动项目。

3. 成年体育旅游者

成年人具有较强的经济实力，身体发育良好，其在进行体育旅游时，参与的运动项目相对较为丰富。其参与体育旅游主要是为了缓解生活和工作的压力，而参与各项体育旅游关键在于是否有相应的闲暇时间。成年人参与体育旅游时，多同家人一起参加，这一类型的体育旅游者对活动的环境、条件等有相应的要求。

4. 老年体育旅游者

老年体育旅游参与人数正在逐步增多，其已成为体育旅游群体的重要组成部分。老年人的体力相对较弱，可以多参加一些相对较为平和的运动项目，如钓鱼、自行车骑游等。我国将逐步进入老龄化社会，并且随着人们生活水平的不断提高，老年人参与体育旅游的积极性也在不断增强，因此未来老年人参与体育旅游的人数将会不断增加。针对这一发展现状，我国应积极完善老年人体育旅游者的体育旅游体系，促进老年人体育旅游产业的发展。

第四节　体育旅游业

一、体育旅游业概述

（一）体育旅游业的概念

体育旅游业在我国得到了快速的发展，虽然其发展起步较晚，但是未来几年，其将成为旅游业的重要组成部分。体育旅游是一种重要的旅游项目，具有一般旅游项目的特点，同时也具有自身的独特性。体育旅游业以体育旅游资源为基础，以旅游活动为载体，满足了人们对体育和旅游等方面的综合需求。具体而言，体育旅游业具有如下几方面的内涵。

①体育旅游资源是体育旅游业的主要依托。在开展体育旅游业时，需要具有一定的体育旅游资源，这样才能够对体育旅游者具有充分的吸引力。

②体育旅游企业开展的体育旅游活动，其服务对象为体育旅游者。

③体育旅游产业由各种相互关联的行业构成，它是一种综合性的产业。体育旅游内部各行业通过提供相应的产品和服务来满足体育旅游者的不同需求，促进体育旅游活动的开展。其内部各行业开展经营活动的基础是体育旅游者的需求，即各项生产活动为满足体育旅游者的需求而展开。

（二）体育旅游业的构成

一般可将体育旅游业分为直接体育旅游业和间接体育旅游业。所谓直接体育旅游业，主要是指那些与体育旅游者密切相关的产业，需要体育旅游者进行消费才能使这些企业得以存在，这些体育旅游企业包括旅行社、通信、旅馆、餐饮等。间接体育旅游企业则主要服务对象并不是体育旅游者，体育旅游者的存在与否并不会危及这些企业的生存，这些企业包括销售业、游览娱乐企业等。

由此我们可以看出，对体育旅游业构成的一般看法是建立在直接体育旅游企业这一基础上的，而较为全面的看法则既包括直接体育旅游企业，也包括间接体育旅游企业，同时还包括支持发展体育旅游的各种旅游组织。最终我们可以得知我国体育旅游业的构成部门主要有以下几个方面。

①体育旅游餐饮住宿业，主要包括饭店、宾馆、餐厅、野营营地等。

②旅行业务组织部门，主要包括体育旅游经营商、体育旅游经纪人、体育旅游零售代理商、体育运动俱乐部等。

③交通运输通信业，主要包括航空公司、海运公司、铁路公司、公共汽车公司、邮政局、电信局等。

④游览场所经营部门，主要包括体育主题公司、体育运动基地等。

⑤目的地旅游组织部门，主要包括国家旅游组织（NTO）、地区旅游组织、体育旅游协会等。

上述五个部门之间存在着共同的目标和相互促进的联系，这是通过吸引、招揽和接待外来体育旅游者来促进体育旅游目的地的经济发展。虽然其中某些组成部分不是以直接营利为目的的企业，例如，体育旅游目的地的各级旅游管理组织。但它们在促进和扩大商业性经营部门的盈利方面起着重要的支持作用。

（三）体育旅游业的性质

一个国家发展旅游的动机通常都会涉及政治、社会和经济几个方面，并且往往以其中的一项作为重点，并且兼顾其他两个方面。但是，根据旅游业的发展状况，国家会对旅游动机的重点方向进行适当的调整。可以说，这是一个国家政治、经济和社会发展的需要。从国家的角度来看，推动和促进旅游发展的工作乃是一项有着多重目的的事业，因此，对此的重视程度也相对较高一些。

在我国市场经济条件下，旅游业作为一项产业，其将通过对旅游的推动和提供便利服务来从中获取收入作为主要目的的。以营利为目的并需要进行独立核算的经济组织，就是所谓的企业，而各类旅游企业是旅游业的主要构成因素。由此可以得知，旅游业有着较为显著的营利性质。因此，旅游业也必须进行经济核算。另外，需要强调的是，从根本上来说，旅游业是一项经济性产业，因此，并没有将其列入文化事业的范畴，而是将其列为国民经济的组成部分。

体育旅游是一种新型的旅游产品，其与普通的旅游一样，包括食、住、行、游、购、娱等环节，而这些方面都是体育旅旅游产品的具体内容。虽然体育旅游产品的内容不同，但都涵盖在消费者体育旅游这一过程之中。体育旅游是一个过程，在这一过程中，企业为消费者提供各种产品和服务。体育旅游产品的内涵和外延，伴随着科学技术的快速发展、社会的不断进步以及消费者日趋个性化的需求也在不断深化和扩大。以现代观念对体育旅游运动产品进行界定，体育旅游产品是指旅游企业为了满足体育旅游者在活动过程中的各种需求，而向体育旅游市场提供的各种物品与服务。体育旅游产品的外延也从产品的基本功能向产品的基本形式、期望的产品属性和条件、附加利益和服务以及产品的未来发展等方向拓展。

综上所述，体育旅游是现代大众旅游中的一项特殊旅游，是旅游业的重要组成部分。体育旅游属于经济性产业范畴，有着较为显著的经济属性，具体来说，它是具有经济性质的服务行业，并且以通过为体育旅游者的体育旅游活动提供便利服务而获取经济收入作为根本目的。

（四）体育旅游业的基本特征

体育旅游业是旅游项目中的一种特殊形式，其具有一般旅游行业的普遍特征，同时也有其独特性。其特征表现在如下几方面。

1. 综合性

体育旅游业具有综合性特点，这主要是因为，人们在进行体育旅游消费时，有着不同的需求，体育旅游企业通过提供各种不同的体育旅游服务来满足人们的需求。在这一过程中，体育旅游企业获得相应的收益。

体育旅游者的需求是多方面的，整个旅游过程中的食、住、娱乐等都具有一定的需求，为了满足消费者这些方面的需求，体育旅游企业发展为多种类型，满足旅游者的各方面服务需求，整个旅游过程中提供的服务是全面的、综合性的。

为体育旅游者提供不同类型的服务的企业形成了相对较为独立的行业，但是其共同统一于满足体育旅游者的需求，这将其联系在一起，从而构成了一个综合性的系统。体育旅游者的体育旅游消费是一种综合性的消费，整个过程的消费体验都会影响到消费者的心理，如果对一个环节感到不满，则整个体育旅游的体验效果就要大打折扣。因此，为了实现体育旅游业的可持续发展，促进体育旅游者多次重复参与其中，需要把体育旅游的各个环节作为一个整体，为体育旅游者提供良好的服务。

2. 服务性

随着经济社会的发展，国民经济的产业结构正在逐步进行优化调整，第一和第二产业的比重出现了一定程度的下降，第三产业的比重则逐步上升。第三产业即服务性行业，体育旅游业即第三产业的重要组成部分，其越来越受到人们的重视。

体育旅游产品是一种服务，人们进行消费的过程也就是企业提供服务的过程。有时体育旅游可能会出现一些实物产品的形式，但是整个体育旅游的过程是一种无形的产品。对于体育旅游者而言，一次体育旅游是一种经历和记忆，是一种良好的心理和精神方面的感受。体育旅游业具有服务性特征。

3. 依赖性

体育旅游业是在经济社会发展到一定程度的基础上形成和发展而来的，其对经济社会的各方面具有一定的依赖性。具体而言，这一依赖性主要表现在如下几方面。

第一，体育旅游业的发展依赖于国民经济的发展，国民经济的发展水平是其产生和发展的重要基础。一个国家和地区的国民经济发展水平不高，则其体育旅游业的发展必然会受到限制。在国民经济不断发展的基础上，人们的生活水平不断提高，闲暇时间逐渐增多，从而在体育旅游消费方面的投入才可能增加。

第二，体育旅游业的发展依赖于相应的体育旅游资源，体育旅游资源是体育旅游业发展的重要物质基础。东北地区正是依赖于其良好的自然环境条件，才能够开展各种形式的冰雪体育旅游活动，而我国海南岛具有的热带滨海气候条件，才能够促进其滨海体育旅游业长盛不衰。体育旅游并不是单纯的旅游活动，体育旅游资源是其前提条件。只有区域内具备丰富的体育旅游资源，并具有完善的配套设施，才能够促进体育旅游产业的发展。总而言之，一个国家和地区体育旅游资源的多少，将在很大程度上影响其体育旅游业的发展水平。

第三，体育旅游业是一种综合性的产业，其发展依赖于各部门和行业之间的密切合作，如果没有了其他行业的支持，体育旅游业的发展也会困难重重。

4. 风险性

在第一节中我们提到，体育旅游具有一定的风险性，这也使得体育旅游业成为较为敏感的行业，从业者面临着较大的压力。体育旅游不同于普通旅游活动，其需要旅游者具有一定的体育运动技能和风险防范知识。体育旅游企业各有特色，多以私营企业为主，并且可进行多次消费。同时，体育旅游业在发展过程中，受到多方面因素的影响，可能导致一定的亏损。具体而言，体育旅游运营所面临的风险主要表现在以下两个方面。

第一，体育旅游者的需求变化相对较大，体育旅游需求受到自然、政治、经济和社会等方面的因素的影响，当这些因素发生变化时，体育旅游消费者的需求就会发生较大的变化，从而对体育旅游业的发展产生较大的影响。

第二，上文我们提到，体育旅游业具有较大的依赖性，这就使得其经营存在较大的风险。体育旅游业的发展更加容易受到整体经济发展环境的影响，当整体发展环境不良时，必然会影响体育旅游业的发展。

5. 关联性

体育旅游业具有较强的综合性和依赖性，这也就导致了其必然具有关联性。所谓关联性，即体育产业由多个产业群体构成，各产业之间具有相应的经济联系，构成了相应的供需整体。体育旅游产业的关联性不仅涉及直接提供各种体育旅游产品和服务的行业，如住宿餐饮业、交通运输业、观赏娱乐业等，也涉及间接提供产品和服务的行业，例如，外贸、地产、食品业等。体育旅游产业的发展，必然会带动这些关联产业的发展，从而促进地区经济水平的提高。

6. 涉外性

体育旅游产业具有一定的涉外性，并且随着经济社会的发展，这一特点将更加明显。在经济全球化发展过程中，国家与国家之间的交流不断增多，出国旅行成为很多人的选择，这也使得体育旅游业成为一项涉及国与国之间的交往的产业，体现出了较强的涉外性特征。随着体育旅游产业的不断发展和知名度的不断提高，其涉外性将更加明显。

（五）体育旅游业的作用

体育旅游业是体育旅游发展的重要载体，对经济社会各方面都具有重要的意义。笔者对体育旅游业的重要作用的研究主要集中于其对体育旅游业发展的积极推动作用。具体而言，其积极作用主要表现在如下几方面。

1. 供给作用

体育旅游业在推动体育旅游发展过程中起到了良好的供给作用，主要从它是体育旅游供给的重要提供者方面得以体现。体育旅游业为体育旅游者提供产品供给，如果没有这一供给作用，体育旅游则可能处在自生自灭的状态。在体育旅游业的供给作用下，体育旅游走向规范化、市场化，得到了更广泛的普及，参与人群也在不断增多。因此，体育旅游的产业化发展是其能够得到健康、有序发展的重要保证。

2. 组织作用

体育旅游业具有一定的组织作用，促进了体育旅游市场的发展壮大。体育旅游的供给与需求构成了体育旅游市场，这也是体育旅游业存在的重要基础。

在体育旅游业发展过程中，供给与需求相互协调，两者的相互作用下共同促进了体育旅游业的发展。

体育旅游业在供给方面要以市场的需求为主要依据，来组织和生产相应的配套产品，提供给市场和旅游消费者；而在需求方面，体育旅游业通过多种营销手段来为自己的产品笼络消费者，将自己的产品推向体育旅游消费者。在这一过程中，体育旅游业组织和沟通了供需，实现了两者之间的协调和互动。

从旅游业诞生之日起，它就突出了它重要的组织作用，而且正是这种组织作用，才使体育旅游业从无到有，并且对体育旅游活动的规模发展起到了积极的推动作用。体育旅游业发挥组织作用产生了非常多且有意义的结果，其主要从现代包价体育旅游的推出和包价体育旅游团以及自助的"背包客"的流行等方面得到体现。

3. 便利作用

体育旅游业为人们提供产品和服务，便利了人们的生活，这是体育旅游的重要特点。体育旅游业为体育旅游消费者提供各种各样的体育旅游产品和服务，以满足其各方面的需求。

体育旅游者利用体育旅游业提供的旅游服务，已经成为一种较为普遍的现象。尽管使用体育旅游业提供的旅游服务并不是体育旅游者旅游的目的所在，但是，旅游服务也起到了非常重要的作用，其不仅将客源地与目的地联系在一起，同时也将旅游动机与旅游目的的实现起到了重要的连接作用。在已经具备了需求条件的前提下，旅游过程中有可能遇到的各种困难已经可以通过体育旅游服务来得以解决。同时，也不必担心他们的旅行以及在旅游目的地停留期间的生活和活动，有关的体育旅游企业都能够为他们安排好。体育旅游业的这种便利作用在很大程度上刺激了体育旅游活动的发展。

不难发现，正是在体育旅游业便利作用的影响下，体育旅游活动的规模正在逐步扩大，不仅参与体育旅游的人数逐步增多，人们在参与体育旅游活动时，出行的距离也越来越远，参与的项目也更加丰富多彩。这在一定程度上又促进了体育旅游业的进一步扩大，体育旅游业具有了更加广阔的社会发展环境。

总而言之，现代体育旅游业的快速发展，与其便利作用具有重要的关系。体育旅游业的便利作用积极推动了体育旅游活动的开展。企业在体育旅游业发展过程中，也应积极注重其便利作用，这样才能够更好地实现企业的发展。

二、体育旅游业发展的影响因素

（一）自然条件与自然资源是体育旅游业发展的物质基础

1. 自然资源和自然条件是体育旅游业发展的直接因素

自然资源和自然条件是体育旅游活动开展的物质基础，其是体育旅游的场所，决定了体育旅游的形式和规模。自然资源条件不同，则体育旅游活动形式也不同，多山地区可开发爬山、攀岩、徒步等活动，而水资源丰富的地区可开发漂流、潜水、游泳等活动。

2. 自然资源和自然条件决定了体育旅游产品的特色与优势

体育旅游资源具有区域特色，不同地区具有一定的差异性，从而使得不同地区的体育旅游资源产品也具有鲜明的特色。

（二）地理位置是体育旅游业发展的外生因素

1. 独特的地理位置是体育旅游业发展的外部条件

地理位置不同，则其体育旅游项目的类型和内容不同，在北方地区，体育旅游项目有冰雪活动，而南方多水地区则主要是水上活动。

2. 地理位置影响体育旅游产品的特色与竞争力

地理位置不同，则其自然资源、人文资源会具有不同的地域特色，这是其有别于其他形式的体育旅游的鲜明特点。不同的地理位置形成了各具特色的体育旅游项目。

（三）旅游业的实力是体育旅游业发展的坚实基础

1. 旅游业的发展程度直接影响体育旅游业的发展

体育旅游业与旅游业密切联系，旅游业的发展水平在很大程度上影响体育旅游业的发展。体育旅游业发展程度较高，具有完善的基础设施，体育旅游业在此基础上能够得到更好的发展。体育旅游消费者不仅想要实现体育健身娱乐，还要体验相应的旅游经历，因此旅游业对体育旅游具有直接的影响作用。

2. 旅游业的实力影响区域体育旅游业的发展水平和方向

旅游业的发展对体育旅游业发展的水平和方向具有重要的影响。在市场经济条件下,市场需求是产业发展的关键。区域体育旅游业的发展为体育旅游发展提供了可能,并在一定程度上影响着体育旅游业发展的方向和水平。在发展体育旅游时,应按照地区的资源,采用合适的模式进行开发,实现体育旅游与旅游产业的整合发展。

(四)基础设施是体育旅游产业发展的必备条件

1. 基础设施是开展体育旅游活动的硬件设备

基础设施是开展体育旅游活动的前提,这不仅包括各项体育旅游的产品设施,还包括住宿、餐饮等方面。体育旅游企业不仅要实现自身的发展,还应促进体育旅游产品质量的提升。

2. 完善的基础设施影响体育旅游产品的质量与竞争力

旅游资源丰富的地区,其基础设施较为完善,影响着人们对旅游服务的评价。设备、住宿、交通条件等都共同影响着体育旅游市场的开发。旅游的目的地如果基础设施缺乏,体育活动路线单调,就会使消费者产生审美疲劳,从而降低消费体验。

第五节　体育旅游资源

一、体育旅游资源的概念

体育旅游资源是旅游资源的重要组成部分,其对体育旅游者具有一定的吸引力,能够激起人们进行旅游活动的热情,并投入相应的体育项目中去。如果体育旅游资源对体育旅游者缺乏吸引力,则难以激发人们的体育旅游欲望。体育旅游资源包括体育旅游目的地、体育旅游设施、体育旅游项目等方面的内容。

体育旅游项目不仅包括那些已经开发的各种体育旅游资源,还包括相应的具有充分潜力的资源,这些具有潜力的资源能够充分满足体育旅游者的探索需求,从而使得体育旅游者在探索过程中获得良好的体验。体育旅游设施服务于体育旅游活动，能够满足体育旅游者进行相应的体育、娱乐方面活动的需求。

体育旅游对象是整个体育旅游产品的最为重要的部分，在开展各项体育旅游活动时，开发者和相关的企业应注重对其进行合理开发，积极进行保护。将各种单体的体育旅游对象有机地聚集在某一地区，经开发创造出一种旅游环境后，该地区就被旅游者认定为旅游目的地。体育旅游者选择目的地首先考虑的是体育旅游资源。这个目的地的旅游对象种类越齐全，内容越丰富，数量越多，质量越高，它的吸引力就越大。

由此，我们可以将体育旅游资源定义为在自然界或人类社会中能对体育旅游者产生吸引力，激发其体育旅游欲望，并付诸其体育旅游行为，为旅游业所利用且能产生经济、社会、生态效益的事物。

二、体育旅游资源的分类与功能

（一）体育旅游资源的分类

1. 按自然资源分类

（1）地表类

地表类体育旅游资源主要指山地、山峰、峡谷、洞穴、沙滩、戈壁、荒漠等。其可开展的体育旅游项目包括野营野炊、登山、攀岩、速降、洞穴探险、徒步穿越、滑沙、沙滩排球、沙地足球等。

（2）水体类

水体类体育旅游资源主要指江河、湖泊、溪流、瀑布、海洋等。其可开展的体育旅游项目包括潜海、滑水、冲浪、漂流、溯溪、溪降、瀑降、垂钓、划船、游泳等。

（3）生物类

生物类体育旅游资源主要指森林风光、草原景色、古树名木、珍稀动植物等。其可开展的体育旅游项目包括森林穿越、野外生存、草原骑游、溜索、滑草、狩猎、观花、观鸟等。

（4）大气类

大气类体育旅游资源主要指云海、雾海、冰雪、天象胜景等。其可开展的体育旅游项目包括溜冰、滑雪、攀冰、高山摄影、滑翔伞、滑翔机、热气球等。

（5）宇宙类

宇宙类体育旅游资源主要指太空、星体、天体异象、太阳风暴等。由于目前的科学技术水平有限，只有极少数人可以从事太空飞行、太空摄影、太空行走、登月探险等活动。但随着人类航天技术的不断发展和进步，在将来一定能够将太空旅游大众化。

2. 按人文资源分类

（1）历史类

历史类体育旅游资源主要指古人类遗址、古建筑、古代伟大工程、古城镇、石窟岩画等。其可开展的体育旅游项目包括考古探险、徒步穿越、驾车文化溯源等。

（2）民俗类

民俗类体育旅游资源主要指民族风情、民族建筑、社会风尚、传统节庆、起居服饰、特种工艺品等。其可开展的体育旅游项目包括射箭、赛马、摔跤、秋千、推杆、民族歌舞竞赛等。

（3）园林类

园林类体育旅游资源主要指特色建筑、长廊、人工花园、假山、人工湖等。其可开展的体育旅游项目包括野营、野炊、垂钓、划船、定向穿越、丛林激光枪战等。

（4）文化娱乐类

文化娱乐类体育旅游资源主要指动物园、植物园、游乐场所、狩猎场所、文化体育设施等。其可开展的体育旅游项目包括野营、野炊、狩猎、垂钓、划船、定向穿越、观赏体育赛事等。

3. 按活动类型资源分类

（1）观赏类

精彩的体育节庆和赛事会吸引大量的观赏型体育旅游者前来观看，观众就是观赏性的体育旅游者，例如，观看奥运会、世界杯足球赛、全运会等。

（2）竞技类

竞争激烈的体育赛事吸引运动员、教练员欣然前往，运动员和教练员在时间、空间、活动内容方面也符合体育旅游的统计标准。

（3）体验类

轻松有趣的休闲方式吸引人们前来体验，如不少的野营野炊和自驾车体育旅游者就为寻求一种经历，追求一种感受。

（4）探险类

通过向自身极限和大自然挑战自我、战胜自我，以获得"高峰体验"来达到自我实现，如登极高山、无氧攀登、洞穴探险等。

（二）体育旅游资源的功能

1. 体育旅游资源是现代旅游活动的客体

体育旅游资源是体育旅游活动的直接对象，其包括各种自然和社会方面的因素。作为体育旅游的核心部分，体育旅游资源也是现代旅游活动的重要客体。体育旅游是旅游业的重要组成部分，各种形式的体育旅游资源的开发促进了旅游业的发展，丰富了旅游业的内容，从而为人们参与旅游增加了更多可供选择的形式。

2. 体育旅游资源的吸引功能

上文我们提到，体育旅游资源对体育旅游者具有重要的吸引力，使其产生参与体育旅游的动机。因此，体育旅游资源具有重要的吸引功能，能够吸引更多的人参与到体育旅游中。体育旅游资源的吸引功能有强弱之分，吸引功能较强的体育旅游资源，其体育旅游价值较高。体育旅游资源的吸引功能是相对于体育旅游者而言的，可能相同的体育旅游资源，对于不同的体育旅游者具有不同的吸引力。有些人可能对滨海体育旅游充满激情，而另一些人则对山地体育旅游情有独钟。

3. 体育旅游资源的效益功能

效益功能是体育旅游资源的一个最为直接和重要的功能，通过开发和利用体育旅游资源不仅可以为体育旅游业产生直接的经济效益，而且还能对与体育旅游业相关产业的经济收益产生一定影响。当前许多国家或地区把旅游业作为本国和本地区的支柱产业或经济增长点，体现了旅游资源开发的综合经济效益。除了经济效益功能，体育旅游资源还具备一定的社会效益和生态效益功能。例如，体育旅游资源的合理开发利用，可改善和美化旅游地的环境，提升区域与城市形象，促进区域间的文化交流以及精神文明的建设，这些都集中体现了体育旅游资源所具备的社会效益和生态环境效益功能。

第四章 体育产业与旅游产业融合发展理论分析

第一节 体育产业与旅游产业融合的效应分析

体育产业与旅游产业融合将会在产业要素、产业结构、产业政策等方面产生巨大的正效应，与此同时也会因为市场风险、资金投入风险、环境污染风险、人身安全风险以及违约风险等，而产生负效应。

一、体育产业与旅游产业融合的正效应分析

（一）产业要素效应

体育产业要素主要包括产品、技术、资本、人力、信息等。由于体育产业仍属幼稚产业和弱势产业，其产品单一，销路不畅，成本高、收益少，技术手段落后，缺乏大量资本投入，人力资源匮乏，信息渠道不畅；而旅游产业则属于成熟产业，相对而言，产品丰富多元，技术成熟稳定，资本投入充裕，人力资源丰富，信息渠道畅通。据统计，2018 年国内文化产业总产值实现 8.93 万亿元人民币，旅游产业遥遥领先，占 46% 份额，而体育产业不到 10% 的份额。两者的融合，可以充分通过融合系统内的市场网络、人力网络、信息网络等物质性网络和非物质性网络，推动产业融合系统内物质流动与交换，优化资源配置，实现资源共享，最终提升体育产业的产业要素的质量并扩大产业规模。

（二）产业结构效应

按照国际惯例，体育产业应该包括体育用品业和体育服务业两大类，体育用品业是体育产业的重要组成部分，体育服务业则是体育产业的主导部分和核心部分。目前我国按照统计学意义把体育产业分为体育服务业、体育用品业（体育用品、鞋、帽等的生产和销售）和体育建筑业。不管按照什么标准分类，我国体育产业结构明显很不合理。体育用品业所占比例偏大，体育服务业所占比例偏低，仅占体育产业的 11% 左右，大大低于美国等发达国家 50% ～ 60% 的比例。可以毫不夸张地说，没有发达的体育服务业就不可能有体育用品业和体育建筑业的存在。要想持续快速地推动我国体育产业的发展，优化体育产业结构，必须加大体育服务业的发展。体育产业与旅游产业的融合发展是一个很好的策略，比如把一些重大的体育赛事，如奥运会、亚运会、全运会、环青海湖国际自行车赛、上海大师杯赛等比赛与旅游产业精心融合，把人们的体育休闲和娱乐与旅游产业有机结合起来，就会从本质上加速体育服务业的发展，提升体育服务业的水平，从而改善体育产业结构严重失衡的现状。

（三）产业政策效应

产业政策是作为指导产业结构调整和产业发展的最主要依据。政府为了鼓励或限制某些产业的发展，实现既定的经济发展战略目标，制定相关产业发展的战略和政策。根据相关产业政策的出台，产业结构也会发生相应变动。政府通过投资或管制等措施对影响产业发展的诸因素进行调整，通过制定货币、财政等政策，通过协调、立法等手段来调整供需结构、国际投资结构及国际贸易结构，以达到对相关产业发展的干预。

体育产业和旅游产业是我国服务业的两大产业，具有低耗能、无污染、绿色环保等特点，同时两大产业具有互补性，体育产业要在短期内做大做强，必须借助于相关产业的平台，尤其与旅游产业的融合发展，是一种相互依存、相互促进、共生共赢的良性发展。两大产业的融合固然需要市场发挥基础性作用，但政府的调控和助推不可或缺，也就是说，要发挥政府行政的、经济的、法律的等一系列政策效应，只有这样两大产业的融合发展才会有宏观基础和条件。

二、体育产业与旅游产业融合的负效应分析

体育产业与旅游产业融合在产生诸如产业要素、产业结构、产业政策等方面的正效应时，也会出现诸如市场风险、资金投入风险、环境污染风险、人身安全风险以及违约风险等负效应。

（一）市场风险

体育产业与旅游产业的融合发展要将市场作为导向，为使融合产业实现顺利发展，必须对市场进行深入的研究和探讨，要对各地区、各类需求、各层次消费人群有一定的了解，确保旅游产业和体育产业能够发挥自身的优势，采用组合、策略等方式推出新的产品，使消费范围得到扩大，积极开辟销售渠道，提升消费的品质，提高经济效益。如果两大产业的融合发展忽视市场需求、消费需求而盲目发展，最终将会失去市场，使两大产业融合中途夭折。

（二）资金投入风险

从两大产业融合资源的投资者来讲，企业和政府是投入资金的主体。在开发旅游产业和体育产业的融合资源时需要大量资金，如建设体育场馆、建设体育公园、维护旅游资源、建设各项配套设施，如通信设施、交通设施等；此外，培养专门的融合产业工作者和配备户外设备也需要资金。投资主体在投入这些资金时，他们希望获得最大化的收益，但投资活动会受到一些不确定因素的影响，如出现泥石流、冰冻灾害等，所以在开发旅游产业和体育产业的融合资源时面临着较大的风险。

（三）环境污染风险

在开发融合资源时会给环境带来破坏和污染。例如，举办摩托车或汽车拉力赛等其他赛事，车辆产生的尾气会使空气受到严重的污染，车辆的声音较大，也会出现噪声污染，会使生态环境受到不良影响。在一些水域举办的体育项目，使用的设备，如快艇、水上飞机、摩托艇等容易产生废气、废油等物质，这些物质进入水中，会给水资源带来破坏，水体生态平衡将会被打破。在建设一些融合产业设施时会使地表发生改变，自然生态因此受到破坏，各类基础设施的建设也会给地质地貌带来影响，生态系统将失去平衡。

（四）人身安全风险

一些体育旅游项目具有一定的风险性，如骑马、蹦极、攀岩、速降等，游客在参与这类项目时必须要有安全意识，并且能够采取正确方式参与这些项目，如果不了解项目的特点，就会出现各类意外事故。比如，湖北神农架漂流时发生的翻船事故，导致八名游客和三名船工溺水身亡；河北丰宁坝上草原，一位游客骑马疾跑时摔下抢救无效死亡。

（五）违约风险

一般来说，体育产业与旅游产业两大产业融合系统各成员应有一个利益分配方案，原则是各成员获得的收益和他们承担的风险是相对应的。这能调动成员的参与热情，也能反映出系统间的原则，即共同分享收益、共同承担风险，一同分摊投资。然而，在融合系统中，管理旅游产业和管理体育产业的机构彼此是竞争合作关系，而且融合系统中有准超额收益，因此在该系统中处于劣势地位的成员可能实施机会主义行为，形成违约，使得融合系统不能有效运行，甚至终结融合发展。

体育产业与旅游产业的融合发展同任何一件事情的发展一样，都有正反两个方面的影响。两个产业的融合发展研究主要是从其正效应研究的。经过分析发现，体育产业与旅游产业的融合发展正效应对两个产业的发展带来的利益，远远大于负面效应的这些风险。并且，一般的风险在预测到的情况下，只要按照规定操作实施，都是可以减低和避免的。比如市场风险、资金投入风险、环境污染风险、人身安全风险以及违约风险，在实践中都可以有预案进行控制。

第二节　体育产业与旅游产业融合的影响因素分析

一、制度因素

从制度经济学视角而言，体育产业与旅游产业的融合可以理解为政府控制之下的制度转化过程，并且这一过程会产生这样的结果：在制度更新的过程中，两大产业及其利益相关方（包括各类企业、地方政府、当地居民、旅游者等）

获得均衡博弈的结果，通过相应的制度保证各方利益。然而，当前两大产业在进行融合时，却被制度制约，对两大产业融合进程与效果展现产生极大的阻碍。在国内，两大产业的管理体制长此以往便是行业壁垒与条块划分共同存在的体系。当经济与行政区域出现分布交错时，行政区域通常会在政治制度与行政规制角度制约经济活动，在追求最大利益的诱惑下，不同行政区域在自身的管理领域实行体育产业与旅游产业的融合，并且各政府为了保护两大产业融合创造的地方利益，采取了普遍性的进出壁垒与保护主义行为，造成两大产业融合只是在某个区域进行，其规模效果也出现剧减。另外，我国的政府管理结构呈现为树状的纵向权力结构，并非网状的多元权力结构。这种结构适合直线型调节与控制，但不利于维护同级行政单元的横向方面的利益，并且对不同行政区域体育产业与旅游产业的融合也十分不利。同时，分割区域导致产业规制无法正常发挥作用。规制是指政府下属的行政部门，将对市场失灵的治理作为目标和任务，以法律作为主线，以法律、规章、法规、裁决、命令等一系列制度作为方式，直接干预或控制体育组织管理者、体育企业或旅行社等非完全公正的微观经济体的交易活动。在体育产业与旅游产业的融合过程中，绝大多数的部门规制两大产业，其目的都是建立在自身的特殊利益基础上的，不同区域和部门为保护自身的既得利益，发生激烈的竞争，也就产生了行政权力区域化和机构化的局面。这种情况的发生，使不同区域体育产业与旅游产业的融合变得更为艰难，造成其融合发展过程出现一系列的利益划分与行政方面的阻碍。长远而言，假如无法清除此类现有的管制和政策障碍，便很难促使体育产业与旅游产业的顺利融合。从制度经济学的角度来看，体育产业与旅游产业融合是一个政府主导下的制度变迁过程。

二、中介服务因素

体育产业与旅游产业的融合必须具备相关专业性中介部门提供的服务。然而，当前我国两大产业的融合产生了中介服务方面的严重阻碍，主要有以下表现。

（一）中介部门服务质量良莠不齐、数量偏少

在性质上两大产业融合属于服务产业之间的融合，具备创新能力的软性资源能够发挥十分重要的作用，所以十分强调人才功能，然而现今我国在这方面的人才十分匮乏。例如，体育产业与旅游产业融合属于一种创意性活动，对体

育相关企业或部门对旅游相关产品的开发有不同要求，所以要求创新性人才创造中介服务的营销思路与产品，但是目前体育产业在与旅游产业对接的这一领域的培养还未涉及，而旅游产业在开发相关体育旅游产品时，对于体育相关要求可能也会不尽熟知，所以对于中介在这方面的要求就非常高。也就是，体育产业与旅游产业的融合需要的中介服务应该让对体育旅游产业十分熟悉的复合型人才提供，但在这方面也十分不足。

（二）体育产业与旅游产业融合的中介部门作用过于纯粹

融合过程要求具备网络信息系统应用、从业人员培训、专业人才引入、行业资质论证、企业信用鉴证、投资融资、法律规章咨询、产权交易服务、市场调研等一系列服务，但现今为数不多的中介服务部门通常都是在某个流程上进行服务。同时不同中介部门都独立运行，比如一场大众体育赛事对于旅游方面开通有绿色通道，而旅行社对于这个绿色通道却全然不知，造成信息的不对称，最终可能会导致一次本该发生的融合流产。所以需要中介部门之间完善稳定的合作协同关系，尽可能构成一个整体性的有机体，才可以适应产业融合中的发展需求。

（三）中介服务没有建立完善的规范

完善的规范对体育产业与旅游产业融合过程中的中介服务部门至关重要。没有完善的规范，企业与企业、企业与中介之间的职责很难界定清楚，有了完善的规范，不会出现客户责怪中介部门只重视中介费用的收取，而没有将有质量的中介服务落到实处；两个产业的完美融合会给中介和两个融合企业均带来可观收益，企业也不会去争中介费用的多少。中介部门也不会责怪其服务的客户没有讲求信用，也不会发生违约。目前相关中介服务的真空状态使体育产业与旅游产业的融合遇到了很多的困难。

三、能力因素

对于体育产业与旅游产业的融合而言，其微观基础建立在各产业不同企业有能力适应融合的前提下。可以将企业能力进一步划分成一般能力与独特能力，企业具体体现在体育产业中以体育赛事的举办组织管理部门、体育场馆的经营管理部门、体育中介培训机构、体育科研机构等为代表，而在旅游产业中则以提供旅游服务的旅行社、酒店等为主。在体育产业与旅游产业的融合过程中，影响企业能力的通常是企业的核心力、整合力、学习能力与革新能力等方面因素的缺乏。对于企业整合力来说，它的产生源自企业在产业融合时对时机、资源、人力综合应用的一种能力。在两大产业融合时，源于技术的更新、顾客的消费核心价值内涵发生变化，加上竞争过程中各类资源的相对变化等，让企业之前的核心竞争力一定会随着发生变化，体育产业部门应对这种变化的能力能否对其在融合过程中保持更好的发展态势，旅游产业企业能否接受在融合过程中出现的机会成本，这些对于两个融合中的企业来说，都是在应对融合发展时自身能力的考验。然而，在现实中也包含了对企业迁移、更新核心竞争力造成阻碍的惯性制度，这也就是核心能力刚性。在当前知识主导的经济环境下，与时俱进成为新的发展口号，旅游企业也在不断发生蜕变，旅行社紧跟时代步伐提供新型旅游服务产品，开发各类与体育相关的线路也屡见不鲜，这些正是旅游产业企业由传统型向知识型转变的体现，因此创新能力与掌握实时动态及新知识能力也变成了新时期促进企业核心竞争力发展的一大重要因素，同时也是体育产业与旅游产业企业加速融合的一个重要主导要素。但必须承认，如今我国部分旅行社人员素质比较低，企业管理不够完善，机制革新受阻，体育产业中产权体制相对模糊，生产关系过于老套，现代公司的管理机制尚未健全，内部竞争落实不到位，企业的核心竞争力依然不强，这些因素都导致企业难以满足两大产业融合的要求。同时，因为部分旅行社依然沿用传统的经营思想，过度质疑当下与体育产业的融合能力，在实力与竞争力都不甚强大的条件下，也无法产生有效的融合效果。

四、需求因素

基于社会进步与发展的视角，现今我国属于发展中国家，共时态性地汇集了农业、工业与后工业三大社会下的一种合体状态，不同区域的经济发展都有明显差距。所以，不管是旅游产品还是体育产品，它们的消费在不同区域都表现出不小的差异，尤其是源自融合型创新的全新旅游、体育产品，因为前期过多沉没成本的投入，很可能以高价、高端的身份推向市场，只有拥有一定经济能力的群体才能实现消费。而就当下来说，尽管我国也已产生部分有着很强学习能力与较高支付能力，而且也希望尝试全新产品的消费者，但对于大众市场而言依然仅是壁龛市场（Niche market），市场的整体消费能力依然过于薄弱。另外，源自融合型创新的新鲜旅游服务、体育产品能不能获得市场的认可，最终还要受到顾客群体的消费行为与观念的影响。通常来说，消费行为都有一种路径依赖的表现，在以往的竞争中，企业一般会利用提升两大产业产品的转换成本比例来提升体育旅游顾客群忠诚度。上述这些因素都是造成消费惯性的产生，导致融合型创新产生的新型产品无法受到认可和接纳的刚性阻力。

第三节　促进体育产业与旅游产业融合的对策分析

一、提高认识，推进体育产业与旅游产业融合

旅游产业与体育产业的融合行为，不仅可以推动旅游产业的进一步发展，而且还能利用其优先发展的部门，推动体育行业的进一步发展，使体育产业成为我国经济新的提升点。所以在这两个产业的融合过程中，所有的相关利益者应当明确了解产业融合是新出现的一种产业发展模式，能够给企业本身带来发展机会，所以，应当增强认识，改变原有的观念，认清国际社会上旅游产业与体育产业的融合发展方向，正确评价和衡量两者融合能够提供的利益，推动这一过程的发展。随着经济社会的发展，国家政策的大力扶持，大众体育得到了一定的发展，这种发展从根本体现为认识的提高。人们意识到了锻炼身体的重要性，意识到了参与体育活动对个体和家庭以及整个社会的必要性，在这种认识的带动下，体育活动消费必然上升。大众体育消费的层次也会从之前的实物性消费上升到精神层面，具体表现为体育服务性消费，如参观体育赛事表演、购买健身卡、参与体育培训、学习运动技能等，参与的数量增加后就会形成一种量的积累，最终导致质的飞跃，从而提高人们对体育产业的认识。人们对体育消费需求层次的提升，对体育服务产品的需求终将导致体育产业部门对自身认识的提高，而对体育产业的认识的提高必将为体育产业与旅游产业融合新产品的推广打下基础，在旅游部门与体育部门的共同努力下会有一些成效。这些都是推进体育产业与旅游产业融合的间接方法，开始产生需求，从而提高认识，从根本上认清形势，抓住机会，最终推进两大产业融合发展。

二、放松产业管制，完善治理机制

在旅游产业和体育产业的融合发展过程中，会产生由利益、资源和规则的不同配置而出现的矛盾。利益的诱惑使得企业会不约而同地趋向，过程中难免会导致利益的不平等分配；资源是生产的必要要素，体育产业与旅游产业同时需要一种资源是就会出现矛盾；规则虽然是提前约定好的，但是不同的主体对规则的解读会偏向自身的利益，从而出现两者之间的矛盾。鉴于矛盾的不可避免性，所以，建立健全跨界管理体制，用来平衡各产业不同企业或部门主体在融合过程中的不合作行为。往往利用大量法律法规的健全来实现对有关主体行为的监督与限制。所以，应当发挥各地方政府的重要作用，一起整合产业资源，冲破旅游、体育产业和有关行业的地区限制。

适当加大国家调控的力度，主要指健全产业治理体制，制定并健全行业管理的法规政策，使市场活动更加规范，以建立健全的旅游产业和体育产业融合系统这一目标为出发点，构建常规化、高层次、制度性的合作部门，一起制订旅游和体育产业融合的基础设施构建、旅游与体育市场经营策略、旅游体育资源的开发与维护等发展计划；一起制定旅游产业和体育产业融合的发展策略，打破这两个产业在融合中的政策阻碍；一起制定旅游产业和体育产业融合的监督保证、合作内容、信息沟通、经营推广、实行流程；促进、指导并激励体育产业相关部门与旅行社实现普遍的合作，且给予它各类应有的服务等，进而推动旅游产业与体育产业的融合；要通过有效的方式保证贯彻并顺利实现优化调整，严厉约束与总体结构体系不相适应的开发活动。此外，国家需要转变国有公司的管理体制，构建起现代公司管理制度。利用股份制改革使公司得以转型并建立现代公司管理体制，进一步实现自身的带头作用，推动产业融合的整体发展。

三、完善中介服务

体育产业与旅游产业融合发展的中介服务机构应当完善自身，增加人员，提升服务人员的整体素质，强化基础设施构建，进而使子系统的服务能力得到增强。要增强中间机构人员对产业融合的了解，扩大服务内容和形式，提升整体的服务效率和水平。针对不同的中间子系统要增强它们之间的合作与分工，把所有的子系统相互联系，构建一个多层次、多功能的在技术上具有创新性的中间服务体系，达到相互间的优势互补，提升服务水平，提高服务能力，降低浪费与重复。国家应当利用法律法规及政策引导体育产业与旅游产业融合的中间服务体系的进一步完善，使中间服务这一市场及市场行为更加规范。利用相关政策的制定及施行，使中间行为以及接受中间服务的行为更加有序，维护顾客以及中介机构的正当利益，利用中介服务人员的升级考查体制以及中介服务机构资格认证体制等的设立和实施，推动提升这一领域人员和机构的整体水平。

四、制定体育产业与旅游产业融合的有效政策，降低风险

贯彻落实推动产业融合的政府政策，能够规范这一领域内，一切利益主体的相关活动，以达到体育产业与旅游产业融合发展中协作关系更加有序以及制度化的目的。两大产业融合发展过程中的所有利益主体，包括体育产业部门和旅行社等旅游产业企业，都需要清楚了解自身在融合过程中的方式、目的、内容以及流程等，健全有关的配套制度，在合作过程中各自根据自己行业的风险进行有效预案，最大限度降低产业融合的负效应，为两大产业在融合发展过程中全部利益主体的和谐发展，提供体制上的保障及良好的政策氛围。

此外，还要根据体育产业与旅游产业融合的发展形势，依照国家的相关规定适时转变各项政策，以应对融合过程中状况的改变，从而保障它能够正常发展。应当设立并健全利益的分配体制，所有的利益主体利用政府政策来达到利益转移和分配的目的，进而实现体育产业与旅游产业融合发展过程中，所得到的经济利润在所有主体之间的科学配置，消除该融合过程中的所有主体在利益上的矛盾，保障体育产业与旅游产业融合的正常发展。

还有，所有地方政府在产业融合的过程中都应当互相开放彼此的市场，只有市场开发，打破所有碍于体育产业与旅游产业融合发展的市场壁垒，使市场竞争更加公平、开放，体育产业部门与旅游产业企业或旅行社可以相对容易地相互促进、共同协作，构建相互协调的基础设施体系，使资源达到最优配置，统一产业融合的流程策略，为两者的融合开辟简明路径，统一保护和治理环境，使体育产业与旅游产业在融合发展过程中也积极响应环保型社会、节约型社会的号召和可持续发展战略；构建政府之间的协作管理体制，加强政府之间的合作，打破地方保护主义陋习，共同建立统一的体制框架和实施规范，从而协调各个政府的政策；在信息共享、技术开发以及人才流动等领域创造良好的政策环境，推动体育产业与旅游产业的融合发展。

五、促进企业壮大，提高企业创新能力

要促进体育产业与旅游产业的融合发展，应当充分吸引并调动民间资金的投入，大力吸引社会资本，有效利用市场资源促进体育产业和旅游产业的进一步融合。以国家资本带动民间资金，形成完整的投资融资格局，推动体育企业和旅游企业不断向前发展并得到壮大，进而为产业融合提供持续的动力。国家有关部门和相关行业协会要顺应这一发展趋势，利用配套政策的制定，充分规范公司的竞争活动，增强公司之间的协作关系，并利用基础设施、公共服务为公司投入产业融合过程中营造良好的环境。使已经略有成效的企业发展成为更有实力的中坚企业，让这些中坚企业再带动中小企业发展，形成良好的企业内互助关系。对中坚企业在创新和研发新产品时的政策予以适当放宽，从环境上给予这些企业最大的帮助，以便形成良好的企业发展氛围。

指引主要的中坚企业加强与当地中小企业之间的合作，利用产业融合重组增加产业链，减少公司的采购投入，达到主要领导公司和中小型公司的互利共赢。体育产业部门或企业可以向旅游产业企业内部"取经"，对于企业发展方面的经验，旅游企业作为成熟产业企业，更具备丰富的理论指导方针，借鉴其经验一定会为体育产业企业带来活力。政府要健全法律法规，保障公司的创新行为及收益。对于创新行为要予以法律保护，从知识产权方面予以肯定，确保其收益最大化；要采取激励手段，如实施创新奖励机制，鼓励公司不断创新。特别是体育产业与旅游产业融合相关产品的开发，在奖励鼓励制中应明确体现。因为产业融合有阶段性的特点，市场与政府在不同时期具有不同的作用和职责，在产业融合经历萌芽期之后，政府需要尽快从微观促进者转变成宏观管理者，使新出现的融合产业能够在市场规律的基础上竞争、发展、壮大。

第五章　全域旅游视角下体育旅游资源的开发与利用研究

我国体育旅游资源丰富，为我国体育的发展、经济以及文化的发展起到了良好的促进作用。现阶段，我国体育旅游资源在开发利用过程中还存在许多问题，如开发与利用不够充分、过度开发利用、资源开发与环境保护之间的矛盾处理等。这些问题都是我国体育旅游产业发展面临的重要和亟须解决的课题，直接关系到我国体育旅游产业的可持续发展。本章主要就我国体育旅游资源的分布、开发与利用现状以及相关理论进行深入分析，以更好地促进体育旅游资源的科学开发与利用。

第一节　体育旅游资源的分布与开发现状

一、基础资源分布

我国许多体育旅游资源的开发都与自然、人文环境和资源有着十分密切的关系，尤其是冰雪体育旅游、滨海体育旅游、户外休闲体育旅游等都是在自然环境中进行的，需要丰富的自然资源的支持。而体育旅游人文资源同时具有人文旅游特性和体育运动元素，具有丰富的旅游价值。新时期，体育旅游人文资源能满足人们对文化赏析的新需求，挖掘体育旅游的文化内涵和人文精神，有利于提高旅游业的产业素质和整体水平。

因此，了解我国丰富的自然资源和人文资源对促进体育旅游资源的开发与利用具有重要意义。

（一）自然资源分布

山体资源。我国山体资源丰富，整体来说，山地丘陵约占全国土地面积的43%，这些丰富的山体资源具有体育旅游开发潜力，为体育旅游资源的开发提供了良好的资源支持。

1. 水体资源

我国水体资源丰富，包括了江、河、湖、海、溪流、瀑布等多种形式，构成了丰富的景色、气候、环境，具有良好的观赏、探险、疗养与旅游价值。我国长 18000 多千米的海岸线，更是为诸多的海滨体育旅游的发展提供了理想的场所。

2. 溶洞资源

我国地域辽阔、地貌丰富，洞穴数以千计，为体育旅游中的洞穴探险奠定了良好的自然资源基础。据统计，目前已经开发、开放的洞穴有 300 多处，具有较大的旅游价值。

3. 沙漠资源

我国沙漠分布较广，共计约 70 万平方千米，是人们进行户外探险、徒步的重要场所。目前，已经被作为旅游资源开发的沙漠主要有甘肃的敦煌玉门关、阳关沙漠，新疆的塔里木盆地塔克拉玛干沙漠，内蒙古的科尔沁沙地、库布齐沙漠、巴丹吉林沙漠、包头响沙湾，陕西的榆林沙漠（沿古长城），宁夏的中卫沙坡头。

（二）人文资源分布

我国具有悠久的历史，民族文化丰富多彩，我国许多传统体育项目都是在特殊的历史环境和民族风俗习惯中产生的，我国体育资源与我国多元文化之间有着十分密切的关系，如少林武功与佛教、少林寺；太极拳与道教、道观；还有一些体育项目创始人及体育大家的故居、陵墓等，都是丰富的人文资源。

一般来讲，通常将人文资源分为四类，分别为古陵墓类、宗教类、石窟寺类和园林建筑类。

二、体育资源分布

（一）体育赛事资源分布

体育场馆是体育场和体育馆的总称，是举办体育赛事的重要物质场所。

随着近年来我国对体育事业的大力扶持，政府在体育发展方面投入了大量的人力、物力和财力，体育基础设施建设不断完善，体育专业场地和场馆日益增多。根据国家体育总局组织实施的第六次全国体育场地普查显示，截至 2016

年 12 月 31 日，我国体育场地情况具体如下。

①全国体育场地共 169.46 万个，其中，室内体育场地 16.91 万个，室外体育场地 152.55 万个。

②全国体育场总用地面积 39.82 亿平方米。

③全国体育场总建筑面积 2.59 亿平方米。

④全国体育场总场地面积 19.92 亿平方米，室内体育场地面积 0.62 亿平方米，室外体育场地面积 19.30 亿平方米。

各单位系统体育场馆分布情况具体如表 5-1 所示。

表 5-1　各单位体育场地数量及面积情况

单位类型	场地数量 （万个）	数量占比 （%）	场地面积 （亿平方米）	面积占比 （%）
行政机关	8.39	5.11	0.86	4.40
事业单位	68.66	41.81	11.45	58.75
企业单位	13.77	8.38	4.11	21.11
内资企业	12.94	7.88	3.40	17.44
港澳台投资企业	0.46	0.28	0.39	2.00
外商投资企业	0.37	0.22	0.32	1.67
其他单位	73.42	44.70	3.07	15.74

总的来看，我国体育场地和场馆资源丰富，能基本满足当前我国各项体育赛事的举办和观众的观赛需求，我国体育场馆资源人均占有数量正在不断上升，此外，在专业体育场馆、场地建设方面更加专业，这为我国举办更加专业化的国际赛事奠定了良好的物质基础。

（二）民族体育资源分布

民族体育是我国优秀传统文化的重要组成部分，它根植于我国的传统文化，具有丰富的文化内涵。我国民族体育项目众多、种类丰富，且具有各自鲜明的风格与特点，与各民族多彩的民俗风情和地域文化有着十分密切的联系，具有丰富的文化、观赏、参与、健身、健心等价值，是重要的旅游资源。

我国地域广、民族众多，在长期的历史发展过程中，各民族形成了丰富多彩的民族体育内容和形式，这些民族体育内容和形式及其所蕴含的丰富文化价值是我国重要的民族体育旅游资源，是我国体育旅游资源开发与利用的重要内容。

三、体育旅游资源开发现状

（一）体育旅游资源开发地区差异明显

我国体育旅游资源丰富，各地区体育资源分布量都很大，而且集中，但是却存在一个明显的地域开发程度的差异。

具体来说，我国经济发达地区的体育旅游资源开发比较彻底，而且科学，知名度较高，且能够创造出良好的经济价值。而相对来说，我国经济欠发达地区的体育旅游资源开发程度不高，且在开发过程中由于缺乏正确的认知和合理的规划，资源浪费的情况比较严重，而且对当地的自然环境造成了很大的伤害。

目前，除了徒步和登山项目之外，很多的体育旅游资源都没有得到开发。

以我国民族传统体育资源为例，我国经济发达的东部地区在民族传统体育数量上面与西南、西北地区相比要少很多，但是知名度比较高，开发比较彻底。我国西南、西北地区民族众多，民族传统体育项目众多且具有丰富多彩的民族风情，具有体育旅游资源开发的良好优势，但是，就目前开发现状来看，由于缺乏必要的资金支持，且当地政府的关注度不够、规划不合理，导致这里的丰富体育旅游资源很多都鲜为人知。

随着近年来对民族传统体育的保护、传承力度的不断加大和国家对发展体育产业的重视，我国经济落后地区的体育资源开发正在逐步得到重视，发展日趋合理。

（二）不同体育运动项目开发程度不同

体育运动项目众多，尤其是我国传统民族体育项目丰富，大众的运动喜好不同，不同体育项目开发价值不同，不同体育运动项目的开发程度不同是一个很容易理解的现象。

当前，我国体育旅游开发程度较高的体育运动项目主要集中在以下几个方面。

1.冰雪体育运动与旅游

冰雪运动历来是十分受欢迎的户外体育运动项目，其以特殊的地理环境为依托，能给人以享受运动、享受自然的美好体验。

和欧美等国家冰雪体育运动和旅游相比，我国冰雪体育运动和旅游的开展并不广泛，但是近年来受到了大众的广泛关注。尤其是北京—张家口 2022 年第 24 届冬季奥运会的申办和承办准备，为近两年我国冰雪体育运动和旅游的发展奠定了良好的社会、舆论和物质条件。大型体育运动赛事的举办能给举办国家和地区带来良好的经济效益，尤其是国际综合性的运动会的开展，2022 年冬奥会的举办必将为北京、张家口带来良好的发展机遇，促进北京和张家口及其周边地区的包括体育旅游在内的体育产业的发展。

2. 滨海体育运动与旅游

我国具有开展滨海体育旅游的良好自然海域条件和社会环境，沿海各地，如海南、深圳近年来举行了一些大型滨海体育赛事、滨海休闲旅游活动，极大地推动了我国滨海体育运动项目和滨海体育旅游业的发展。

近年来，我国经济发展迅速，有一定经济基础及有国外海上运动经验的年轻一代对滨海体育休闲的需求日益增加。我国滨海体育休闲产业发展前景良好，目前，我国沿海大中城市的游艇、帆船海上观光、帆板、冲浪、滑水等新兴的海上运动项目深受海上运动爱好者的欢迎，也吸引了大批中产人群消费。滨海体育运动与旅游的人群主要集中于收入水平比较高的社会阶层。

3. 户外探险运动与旅游

户外探险运动与旅游在我国兴起的时间并不长，还属于小众体育运动。

当前，我国从事户外探险运动与旅游的人群主要为年轻人群，这些人富有冒险精神、追求自由，但是与我国庞大的人口基数相比，这一部分人是非常少的。因为此类项目与旅游活动不仅对参与者的体能要求较高，还要求其必须具备良好的经济条件和充裕的时间。

4. 高尔夫休闲度假旅游

高尔夫运动是一项重要的休闲体育运动项目，具有良好的健身与健心价值。

高尔夫场地开阔，运动环境优美，目前，往往与商务休闲旅游结合在一起，高尔夫运动已经逐渐开始摘掉"贵族运动"的帽子。我国高尔夫运动的参与人数越来越多。高尔夫休闲度假旅游是我国体育旅游市场中一个发展较好的体育运动项目。

整体来看，我国体育旅游资源中开发程度较高的体育项目多是一些较为生活化的体育旅游项目，一些科技含量要求高的项目开发程度较低。如滑雪、垂钓、蹦极、徒步游、自行车游、自驾车游、高尔夫球等，这些较为贴近人们的生活，难度较低，因此在我国的开发程度较高，普及率也较高。而漂流探险、穿越、登山等冒险性体育旅游的开发程度较低，开展并不十分理想。

（三）民族传统体育旅游开发程度较低

我国是一个多民族融合的国家，少数民族人口占据了我国总人口的10%左右，在长期的发展过程中，这些少数民族创造了优秀的民族文化，创造了独特的民族体育资源。

我国民族传统体育旅游开发面临的现实是：一方面，虽然我国民族体育旅游资源具有很强的民族文化特性，但是在开发资源的过程中并没有突出民族文化特色、宣传力度不够、旅游配套设施建设不完善，影响了民族传统体育旅游资源的深度开发；另一方面，在我国民族传统体育旅游资源开发过程中，为了经济效益使这些人文资源遭到了破坏甚至丢失，还有些是因为保护力度不够，没有完整地挖掘和开发，让一些民族体育形态失去了原有的亲切真实、淳朴自然，对民族传统体育资源造成了严重的损害。

近年来，良好的政策环境、经济环境、文化环境极大地促进了民族传统体育的发展。社会大众参与民族传统体育的热情高涨，在少数民族聚集地区，许多具有地域特征的民族传统体育项目也成为人们强身健体的重要活动内容，如哈萨克族的"姑娘追""叼羊"；蒙古族的摔跤、骑马、射箭；藏族的碧秀（响箭）；朝鲜族的跳板和秋千；壮族的抛绣球、踩高跷等。这些丰富的民族体育项目与当地独具地域和民族特色的文化结合在一起，吸引了大批旅游者前往，民族传统体育旅游开发近年来呈现出良好的发展势头，还需要进一步规范和完善，以促进其科学、可持续发展。

（四）体育旅游专业人才和服务人员匮乏

当前，我国体育旅游资源开发过程中，人才培养体系不完善是一个不争的事实，也是制约我国体育旅游可持续发展的一个重要因素。

和国外体育发达国家相比，我国体育旅游起步较晚，在人才培养方面存在问题。就体育旅游内容和形式来看，体育旅游活动的开展需要专业的经验技术人员，以保证游客的人身安全，如登山、攀岩、滑翔伞等。当前我国高等教育院校，有部分相关学科进行人才培养，但是体育旅游被分为了两个学科：体育和旅游，两学科不交叉、不相通，无法培养综合性的人才。现阶段，我国从事体育旅游人员大部分出自旅游专业，体育专业知识并不深厚，这将非常不利于我国体育旅游资源的综合全面开发。

在体育旅游资源开发与利用方面，就我国基本国情来看，许多体育旅游资源的开发涉及自然环境保护、民族传统文化传承，因此，体育旅游资源的开发并不是一个单纯的旅游基础设施建设的过程，还要考虑与之相关的多方面要素。而我国这方面的人才培养相对不足、数量不多、质量不高，这也是导致我国体育旅游资源开发和利用不足的一个重要制约因素。

第二节　体育旅游资源开发的相关理论

一、区位理论

区位理论是针对地理区域进行的研究，原型为德国经济学家冯·杜能创立的农业区位理论，该理论主要解决的是经济活动的地理方位及其形成的原因。就体育旅游而言，区位理论对于体育旅游资源开发的区域性开发与利用、旅游市场竞争，旅游产业布局具有重要的指导作用，能有效促进区域体育旅游资源的差异化和合理布局。

（一）体育旅游中心地界定

确定体育旅游中心地往往根据一定的标准进行，通常来说，常用的标准主要围绕市场发展来进行，如该旅游中心地是否能为消费者所熟知和接受、是否具有丰富的体育旅游资源能满足旅游消费者的消费和体验需求、该旅游中心地的交通等。

良好的资源、经济、基础设施等条件是一个体育旅游中心地在体育旅游市场竞争中获胜的重要前提。

以我国西部地区体育资源开发和旅游业的发展为例，我国西部地区区域竞争优势明显，具体表现在以下几个方面。

第一，我国西部地区地理位置独特。我国西部地区位于亚洲大陆的中心位置，与其他中亚国家联系紧密，体育旅游的市场开放性比较大。

第二，我国西部地区旅游资源丰富、独特，区域特点显著，对游客具有较大的吸引力。

第三，从文化构成来看，我国西部地区少数民族众多，且形成了独具特色的民族文化。

此外，我国西部地区还是经济、文化重点发展和扶持的地区，这也为这一区域的包括体育旅游在内的各项产业的发展奠定了良好的政策、经济条件基础。

（二）体育旅游中心地市场划分

体育旅游地的市场范围受多种因素的影响，其中，最主要的因素有以下三种。

①体育旅游地资源对消费者的吸引力。

②体育旅游产业的配套服务设施。

③体育旅游地的旅游活动容量。

需要特别指出的是，体育旅游中心地的市场范围有上限和下限之分，这是决定体育旅游中心市场范围大小的重要标志（表 5-2）。

表 5-2　体育旅游中心地的市场范围界定

体育旅游中心市场范围上限	体育旅游中心市场范围下限
旅游资源吸引力	旅游地生产产品
旅游业的社会容量	旅游地提供服务所必需的最小的需求量
旅游业的经济容量	—
旅游业的生态环境容量	—

（三）体育旅游中心地等级划分

体育旅游地的市场范围是影响体育旅游中心地等级的重要因素，当前，我国体育旅游中心地大致分为高级与低级两个等级，具体分析如下。

高级旅游中心地：市场范围较大，旅游资源多且集中度较高，基础设施完备，旅游消费者接待能力强，能给消费者带来良好的旅游消费体验。

低级旅游中心地：提供的旅游服务范围较小，市场范围小，旅游接待能力较弱。

一般来说，高级旅游中心地的构成是多个次一级的旅游中心地的组合，涉及的地区范围比较大，随着旅游资源的优化整合开发，其各次一级的旅游中心地的等级的市场范围会逐渐扩大、旅游接待能力也会有所提高，而由多个次一级旅游中心地所构成的高级旅游中心地的整体级别和能力也会进一步提高。

（四）体育旅游中心地模式构建

体育旅游中心地模式的构建，最需要解决的问题就是多个不同等级的体育旅游中心地的均衡布局。

正如前面所分析的，体育旅游中心地有等级之分，不同等级的体育旅游中心地的市场范围大小不同。如何促进不同体育旅游中心地的科学有序发展，并实现各地体育旅游资源的综合、高效利用，就必然涉及各旅游中心地的合理布局问题，其目的在于使得区域体育旅游在不同等级旅游中心地的带动下健康快速发展。

二、旅游人类学理论

旅游人类学起源于 20 世纪 60—70 年代，该理论主要是研究旅游学基础理论与包括人类旅游文化在内的人类文化之间关系的重要理论，不同文化是吸引旅游者从一个地方到另一个地方体验旅游活动的重要原因。人类文化的交流与传播在旅游过程中发挥着重要影响作用。

（一）旅游人类学理论指导下的体育旅游宏观调控

1. 确定体育旅游的文化性质和发展方向

旅游人类学理论对于人类体育旅游文化的发展具有重要的指导作用，要促进人类旅游文化的发展，就必须首先确定体育旅游的文化性质与发展方向，具体从以下几方面入手。

①找准体育旅游的定位，将文化属性作为体育旅游的根本属性，将体育旅游作为一种文化事业来发展。

②在准确把握体育旅游定位的基础上，改变政府对旅游事业发展的经济核心指导，而将旅游事业的发展与文化发展密切结合起来，在发展体育旅游文化的过程中，重视社会大众体育文化素养水平的提高，重视我国体育文化的发展。同时加强对外体育文化交流与合作，积极宣传我国特有体育文化。

③运用旅游人类学中的主客关系理论、跨文化沟通理论，指导我国体育旅游资源开发，将旅游文化资源的开发放在重要位置，将体育旅游发展放在

与国内外旅游者普遍交往的各种体育文化关系和文化现象上。

2. 指导相关旅游法律政策的建立和完善

旅游业是我国第三产业的重要组成部分，是国家经济发展的重要内容之一，政府相关法律和政策对旅游发展有制约作用，当前，在市场经济条件下，为规范体育旅游产业发展，有必要制定一套完善的体育旅游的法律和政策来规范和促进体育旅游市场的科学发展，进而规范整个旅游业的发展。

具体来说，应根据旅游人类学的基本理论和基本理念进行，重点做好以下几方面的工作。

①明确旅游服务提供者在体育旅游活动开展过程中应承担的义务和法律责任。

②改变长期以来侧重调整政府和旅游企业之间关系的状况。

③重视旅游者在旅游过程中的情感体验，通过文化渗透来加强旅游者对旅游地文化的了解。

④提高旅游者的文化素养，帮助旅游者树立正确的文化价值观，以开放的心态接纳各种先进文化，促进我国各地各民族的文化繁荣。

⑤重点关注主客不同文化背景、文化意识、文化价值观下可能发生的各种矛盾与问题。

3. 提高政府对体育旅游管理的效果和质量

旅游人类学理论在指导政府旅游主管官员有效地坚持人本主义理念，摒弃陈旧观念、官僚作风等方面具有十分重要的作用，能促进政府相关工作人员真正关注文化、竞技发展，将体育旅游产业发展的各项工作落实到科学发展方面。

政府在体育旅游产业发展过程中发挥着十分重要的作用，政府决策关系着我国体育旅游产业的发展方向、发展策略、发展重点和发展进程。为实现体育旅游产业的科学发展，政府应加强对相关工作人员的专业培训，提高政府相关工作人员素质，政府工作人员应掌握旅游人类学的基本理论知识，将旅游人类学的知识应用到体育旅游产业发展工作实践当中，以更好地促进体育旅游资源的合理开发，推动体育旅游文化的持续发展。

（二）旅游人类学理论指导下的体育旅游微观调控

1. 了解体育旅游者的文化需求

第一，旅游人类学理论可以帮助旅游服务人员充分了解体育旅游者的文化需求，从而为旅游者提供优质的体育旅游产品、优良的体育旅游服务。

第二，旅游人类学理论能促使体育旅游服务提供者深入研究、探讨、掌握旅游产品（或服务）对游客吸引力的规律，从而有针对性地进行体育旅游资源开发，突出旅游文化的特色、增强本地体育旅游资源的市场竞争力。

第三，旅游人类学理论有助于指导体育旅游资源开发者深入了解本地特色体育旅游资源文化特点，掌握文化发展的规律和特征，在保持本地区体育旅游文化原有特色的基础上，合理开发与利用，进行体育旅游接待地的特色文化商品化开发，在保护与传承文化的基础上，促进其经济效益、社会效益的实现。

2. 指导体育旅游者贯彻人本主义理念

运用旅游人类学理论指导体育旅游者充分贯彻人本主义理念主要体现在以下两个方面。

第一，帮助体育旅游服务提供者全面理解人本主义的精神实质，使他们在理性基础上尊重体育旅游者的独立人格和应有的权利，满足体育旅游者的合理要求。

第二，指导旅游服务提供者帮助游客理解当地文化，并尊重游客的文化背景，礼貌得体地接待外来游客。

3. 提高体育旅游从业人员的服务质量

在旅游人类学理论指导下，体育旅游从业人员应有意识地提高自身从业技能和素质，关注体育旅游活动开展过程中的文化传播，通过提供高质量的旅游产品和服务传播本地特色体育文化。

三、游客行为理论

游客行为理论是从游客心理需求出发，研究游客内在心理期盼和外在行为，以及由游客构成的旅游流的类型、结构、流向、流速、特征及动态规律等。

（一）旅游认知

旅游认知是游客在已有感知印象的基础上，根据原有旅游经验或实地旅游体验经历对旅游目的地相关信息主动进行选择、反馈、加工和处理的心理过程。

旅游者对旅游目的地的旅游认知可以概述为以下三个步骤。

1. 最初感知（原生形象）

旅游者对旅游目的地的最初感知印象，是其在萌生旅游想法和实施旅游行为之前对旅游目的地的一个较为模糊的印象，这一印象来自多元化的信息集合，如亲朋推荐、资料查询、旅游地官方宣传等。在旅游者的旅游想法萌生之前，这一印象是在旅游者大脑中潜移默化的一种信息影响，对其旅游动机产生具有重要影响。

2. 决策感知（引致形象）

旅游者产生旅游动机并确定旅游地、制订旅游计划，有目的地、有针对性地收集关于旅游地的各种信息，建立对旅游地更为全面的认知。

3. 实地感知（复合形象）

旅游者在实施具体的旅游行为之后，结合自身的旅游体验对旅游目的地所形成的综合性的印象，这一印象和前面两个印象相比，要更为客观、真实、丰富。

（二）旅游者的行为特征

旅游者的行为受多种因素的影响，在这些影响因素的共同作用下形成了具体的行为特征，集中表现在以下几个方面。

1. 旅游行为的季节选择

就我国境内旅游来看，我国地域辽阔，纬度跨度大，区域季节分明，旅游受季节因素影响较大。以我国南方旅游业发展为例，冬季是南方体育旅游的旺季。

2. 体育旅游项目选择

我国地理资源丰富，为各地区发展体育旅游提供了良好的条件。根据不同地区的地理优势，各地重点推广和普及的体育旅游项目具有明显的地域特征。例如，我国沿海地区，尤其是海岸线较长、四面环海的地区，海洋资源比较丰富，游泳、冲浪、潜水、海钓等体育旅游项目比较受欢迎；我国内陆多山地区，比较受欢迎的体育旅游项目为登山、攀岩、越野、野外生存和洞穴探险；而在北京等大型体育赛事举办地，多为体育文化景观和人文景观的观赏和游历。

3. 旅游停留时间

我国旅游旺季相对集中，包括体育旅游在内的旅游也比较集中，节假日是我国旅游的高峰期，而城郊和近郊的旅游主要在周末进行。

（三）旅游者的购买过程

旅游消费者的购买过程主要包括以下五个阶段。

1. 认识需要

游客的购买过程都是从认识需要开始的。人们产生旅游需要的原因主要是自身和外界刺激的。

2. 搜索信息

旅游消费者产生旅游需要后，会从多种渠道（如旅行社、新闻媒体、亲朋好友等）收集信息，进一步实现旅游的目标。

3. 备选产品评估

游客对收集到的信息进行对比和评估，选出适合自己的旅游产品、旅游服务。

4. 购买决策

游客通过对可选方案的评估，产生了初步的购买意图，进而产生购买决策和购买行为。但有时游客会受到外界因素的影响，这时游客就要对决策进行修正、推迟和回避。

5. 购买后行为

旅游者对自身购买行为和购买体验的满意度将直接影响其是否再次购买该产品（或服务），良好的体育旅游体验有助于消费者的再次购买，同时还会推荐给其他人，而如果旅游者的消费体验并不满意，则会采取一些对旅游地不利的行为，如投诉、索赔、建议他人不要购买旅游产品（或服务）。

四、环城游憩带理论

（一）城市旅游空间结构

环城游憩带是指围绕城市而形成的旅游、休闲、娱乐带，它构成了以城市为中心的环城旅游空间。

①城市是旅游的目的地和客源的主要来源地。

②城市环城游憩受土地租金和旅游成本两个因素的影响，在这种双重作用

下，城市周边往往是居民休闲度假的高频出游区（距大城市中心 200 千米以内的范围）。

③旅游者不同、旅游需求不同，在城市的周边形成了不同的旅游带，这些旅游带以城市中心城区为核心，呈现出不同的旅游地域空间分布，以多层环带状分布为主要形式。

（二）城市体育旅游空间资源分布

以核心都市区作为空间上的旅游中心，可以把城市的外围（从城市中心向外辐射分布）分为四个旅游环带，具体分析如下。

第一圈层——城市旅游带：主要游憩场所有 CBD、RBD、剧院、艺术区、博物馆等。

第二圈层——近郊休闲旅游带：主要游憩场所包括工业与科技园区、名胜古迹、体育馆、森林公园等。

第三圈层——乡村旅游带：主要游憩场所有度假村、野营地、乡土建筑、农场、牧场等。

第四圈层——偏远旅游带：主要游憩场所包括野生动物园区、国家野营地（露营、打猎）、户外运动开展地等。

环城游憩带理论对城市体育旅游研究、规划具有重要的意义。它启示我们在城市体育旅游研究中不能仅仅囿于城市的中心城区，而应延展到广大的城市周边，它有助于城市体育旅游的合理规划、布局、开发。

五、可持续发展理论

（一）可持续发展的内涵

可持续发展概念的第一次提出是在 1987 年的《我们共同的未来》报告中，在该报告中，"可持续发展"阐明了人类当前发展与未来发展之间的利害关系和协调发展。

可持续发展理论的核心是在社会经济发展的过程中，保护自然资源总量和总体上的生态完整，以促进人类社会的持续进步。要求"既满足当代人的需求，又不损害后代人满足其需要能力的发展"，要实现同代与代际的公平。

可持续发展理论重视对整个人类发展的研究，强调人类在发展经济的同时，也应重视物质文化发展和环境保护，目前，可持续发展理论被应用于社会、经济、文化、环境、科技等发展的各个领域。

（二）可持续发展理论指导下的体育旅游资源开发与利用

体育旅游可持续发展理论是随着可持续发展这一新观念的出现而出现的，是可持续发展思想在旅游这一特定领域的延伸。可持续发展理论指导下的体育旅游资源开发与利用，应重点做好以下工作。

1. 加强资源保护、防范人为破坏

加强对体育旅游资源的保护要注意方法的选择，采取的保护措施和方法要注意科学性和合理性。在保护的过程中，各管理部门要将保护落到实处。在体育旅游资源开发过程中，严防体育旅游资源的人为破坏，因此，必须提高开发和建设的决策者、旅游业的经营者、体育旅游者与旅游地居民的环保意识和资源保护意识。

2. 做好区域规划、规范旅游市场

在开发体育旅游资源前，要对体育旅游资源的各方面进行细致的可行性分析，不可盲目进行。要充分考虑体育旅游活动直接作用于自然旅游资源的破坏性程度大小；如何最大限度地保护并且避免或减少破坏程度；如何实现体育旅游活动项目与整个景区的景观协调一致等问题。

此外，要加强我国体育旅游市场的相关法律法规的制定与完善，规范我国体育旅游市场，严惩各种环境破坏、资源浪费、恶性竞争等不良行为。

第三节　体育旅游资源开发的内容及价值

一、体育旅游资源开发的内容

体育旅游资源开发是一项系统性工作，涉及社会发展和人类发展的诸多因素，从体育旅游资源开发过程构成来看，其主要包括开发主体、开发客体、开发个体三个构成要素。

要实现体育旅游资源的合理开发，必须正确处理体育旅游资源开发过程中的三个要素，做好以下体育旅游资源开发工作。

（一）景点规划与设计

合理的景点规划与设计是科学开发体育旅游资源的首要前提，对体育旅游资源的合理开发具有重要的指导意义。

旅游项目的定向是体育旅游资源开发所考虑的首要内容，应根据两大资源条件开发体育旅游项目，即自然资源条件、人文资源的条件。其次是考虑体育旅游者的定向，即开发的内容是适合于极限探险、猎奇类体育旅游活动，还是适合于大众化娱乐、休闲体育、健身旅游者的需求。

对于参加极限探险、猎奇型体育旅游活动的先行者，他们对交通道路、旅游基础设施要求不高，但对野外生存、救护、通信联络要求较高，其中对体育旅游资源的基本要求是新、奇、险，必须要有刺激性、挑战性，这样才能增强他们参与体育旅游的积极性。

（二）交通与通信建设

交通与通信对体育旅游发展影响较大，会直接影响体育旅游中心地的知名度和游客接待量，同时，还会影响体育旅游者在体育旅游过程中的体验和满意度。

首先，体育旅游资源和自然环境有着密切的关系，有些资源具有地域性特点，并具有不可移动性，旅游者要到达这一地区就必须借助交通工具来实现。

其次，一些户外体育旅游活动具有一定的危险性，必须保持通信的畅通，以为旅游者提供科学的指导。这也是旅游地与外界联系的先决条件。

最后，在开发体育旅游资源时，就要将交通与通信两者内容处理好，良好的交通与通信能有效缩短旅游时间与空间的距离，加强和外界的联系与交往，吸引旅游者前去旅游。

（三）体育与旅游设施建设

体育旅游是一种特殊的旅游形式，其本身具有的参与性特点较强，因此，体育旅游资源的开发就需考虑一般体育旅游者的能力，他们对旅游基础设施的要求较高。如果难度大、危险性高，就会打消旅游者参与的积极性。此外，体育与旅游配套设施还与旅游者的旅游体验密切相关。因此，必须重视体育与旅游设施的科学建设。

体育与旅游设施建设主要包括以下内容。

一般体育旅游设施：如日常生活设施，供水、供电设施，道路交通、通信系统以及体育项目的体育设施。

运动场所及配套设施：如攀岩场不同高度与难度的攀岩墙，或高山滑雪配套上山缆车或牵引车等。

体育旅游安全与保障设施：攀岩所需的安全带、安全头盔等安全保险设备及服务，如旅游安全路线选择等。

（四）旅游专业服务人员培训

体育旅游活动中，需要旅游者参与到具体的体育活动中去，这种参与性要求旅游服务的专业性。因为，并不是所有的体育旅游者都是某一项体育运动项目方面的专家，这时就需要专业服务人员的指导和服务，在保证体育旅游者顺利、安全完成体育活动过程中，充分体验到不同体育旅游活动的挑战性、刺激性。

体育旅游专业服务人员应加强安全保护服务、专业技术指导服务、专业景区讲解服务等方面的培训。

二、体育旅游资源开发的价值

旅游业和社会经济与文化的发展具有十分密切的关系，同时与其他产业也有密切的关系。体育旅游资源的合理开发有助于经济、社会、文化和环境等多元价值的实现，具体分析如下。

（一）促进地区建设

体育旅游资源的开发与利用并非局限于资源本身，同时，也要充分考虑对与体育旅游资源相符的旅游接待条件的开发，即考虑体育旅游的空间发展能力。因此，在体育旅游的开发与利用过程中，就必然会涉及城市规划、交通、基础设施等。这些对地区基础设施建设具有良好的促进作用，能为旅游地当地居民提供更多便利。同时，优化旅游环境或提升接待空间。

（二）促进地区发展

旅游业的发展能促进旅游地经济的发展，为旅游地带来良好的经济收入。而合理有序的体育旅游资源开发，是保证体育旅游中心地经济持续增长的重要基础。

（三）宣传地方文化

体育旅游资源具有区域性特征，特殊体育旅游资源的开发不仅是旅游产业的发展，更是地方文化的宣传。以我国民族传统体育旅游资源来讲，旅游者观赏、了解、参与当地民族传统体育活动，不仅能愉悦身心，更是了解和理解当地体育文化和民族文化的重要途径。

第四节　体育旅游资源开发的评价及原则

一、体育旅游资源开发的评价

体育旅游资源开发的评价具体是对体育旅游资源开发的规模、结构、类型、质量、性质等进行评价，以确定其开发的意义、价值、可行性。

（一）评价目的

①为新体育旅游资源开发活动的具体实施提供理论指导。

②为已开发的或部分开发的老旅游区改造、扩展与利用提供科学依据。

③为体育旅游中心地体育旅游资源的整合和优化、发挥整体效应、合理利用资源提供科学指导。

（二）评价标准

1. 特点与性质

按照性质对体育旅游资源开发进行评价，主要是从体育旅游资源的美、奇、特、奥、险等方面入手（表5-3）。

表5-3　体育旅游资源的评价标准

标准	说明	举例
美	体育旅游资源的美在很大程度上会影响体育旅游资源的吸引力，美的体育旅游资源可以使旅游者身心愉悦，心旷神怡	通过景物和环境、运动美来评定观赏价值。如户外运动、漂流、滑翔等

续表

标准	说明	举例
奇	奇指体育旅游资源具有非同寻常的，能够充分体现自然或人类巧夺天工的品质	体育旅游景观形态令人产生的迷幻、惊奇心理，如溶洞探秘
特	体育旅游资源区别于其他资源的独特的品质、标新立异的项目	与民族民俗节日活动相结合的体育活动
奥	奥主要表现在体育旅游资源的景观带给旅游者的奥秘体验上	热带丛林探秘、峡谷探秘等
险	具有刺激性和挑战性的体育旅游项目	冲浪、蹦极、攀岩、沙漠徒步等

2. 周边环境

体育旅游资源的开发应与当地的自然环境、人文环境等相协调发展，对体育旅游中心地的体育旅游资源的可开发项目与周边地区的旅游区域和旅游景点及环境的协调程度进行可行性分析、破坏性分析与污染分析、发展性分析。

3. 市场标准

从经济和社会发展的角度对体育旅游资源的开发进行分析。主要是针对开发后的体育旅游资源对客源市场的吸引力、对体育旅游资源社会需求特征进行分析。

4. 项目标准

根据具体的体育运动项目的具体标准与要求，对相应的体育旅游资源开发进行评价。

（三）评价方法

当前，针对体育旅游资源开发的评价方法非常多，其中适用最广泛的就是体育旅游项目开展的可行性综合评价，具体来说就是对体育旅游所依托的旅游资源进行评价，包括地理环境、气候条件、安全性、技术性等诸多方面。

二、体育旅游资源开发的原则

（一）系统性原则

体育旅游资源开发是一项全面的、系统性的工作，它所涉及的方面、问题较多，因而必须进行科学的统筹安排、总体规划。

一般来说，体育旅游资源的系统规划包括四个方面，即资源的数量、质量、特点、区位，在此基础上，还要考虑体育旅游资源的市场分析预测、投资规模与力度等，保持体育旅游资源开发后能长期有所收益。系统性开发能有效避免由于局部失误造成的全局性失败。

（二）突出性原则

体育旅游资源的开发应充分考虑对旅游消费者的市场吸引力，这就要求在体育旅游资源开发过程中突出特色。

当前，我国的体育旅游市场已经进入消费者市场，体育旅游资源开发必须满足旅游消费者多元化、个性化的需求，如此才能吸引消费者，具有市场竞争力。在体育旅游资源开发过程中应充分保留资源的原始风貌，突出体育与自然、人文的完美结合，充分反映区域特色、民族文化特色，体现"人无我有，人有我优"，打造旅游精品。

（三）效益性原则

体育旅游资源开发要重视多元效益的实现，具体来说就是要实现社会效益、经济效益和环境效益三者的统一。

实现经济效益是旅游业经营活动的一部分，体育旅游资源开发应促进当地经济和国民经济的发展。

实现社会效益就是通过发展体育旅游来调动社会大众参与体育活动的热情，培养大众的体育意识，丰富大众体育文化，为我国体育事业的发展创造良好的社会文化环境。

实现环境效益就是要求在开发体育旅游资源的过程中要重视环境保护，实现体育旅游与自然环境的协调统一与发展。

（四）保护性原则

体育旅游资源的开发过程中，应将资源保护、环境保护放在一个十分重要的地位。

对于体育旅游资源的开发，应将重点放在提高资源的利用率上，而非对资源的改造上，即改变旅游资源的可进入性，将开发重点工作放在附属设施（包括道路、通信设施、住宿设施等）建设上，不破坏旅游资源本身。

对于某些特殊体育旅游资源来说，开发本身就意味着"破坏"，对此类特殊的资源就要充分考证其是否具有开发的必要性，应建立在科学发展观的基础上，以保护为主，进行有限开发或者不开发。

第五节　我国体育旅游资源开发的模式

一、资源型开发模式

体育旅游资源的资源型开发模式，具体是指重点依靠自然资源和人文资源进行体育旅游开发。

以体育赛事欣赏和场馆赛后充分利用为例，2008 年北京奥运会举办以后，场馆的再利用问题是体育旅游资源开发的一个重要经验。在保证其举办大型国际赛事的基础上，积极对外开放，提供有偿服务，开展各种形式的大众文化活动。如观光旅游、文化体育服务、商业性文艺演出等。

二、市场型开发模式

体育旅游资源的市场型开发模式，具体是指市场需求，即以消费者的需求为基础进行有针对性的体育旅游产品（或服务）的开发（表 5-4），以扩大细分市场的占有率。

表 5-4　体育旅游产品市场细分

体育旅游产品	目标市场	产品开发重点
健身养生	中老年人	修身、健心、养生、长寿
健美健身	妇女、青年	减肥、健美、形体训练

体育旅游产品	目标市场	产品开发重点
极限探险	中、青少年	超越自我、挑战自我
体育拓展	企业员工	提高竞争力，提高合作意识、增强团队凝聚力
民族民俗体育	异地游客	弘扬中华民族体育文化
体育观赛	体育爱好者	弘扬体育竞技精神、体验激情
商务旅游	体育产品经营者	提高专项体育技能，提高企业知名度，企业经济创收

三、产业化开发模式

体育旅游资源开发的产业化开发模式，是在吸收传统开发模式优势的基础上，依托现有的资源、市场，提出的一种新发展模式。

体育旅游资源的产业化开发模式应从以下几方面入手。

分析区域市场，找出有市场需求但尚需完善的内容，寻求能弥补现有体育旅游产业的补充产业，如休闲旅游、文化娱乐等产业，形成产业的集群效应。

重视区域市场分析研究，如当前京津冀一体化发展过程中，京津冀地区体育旅游产业的区域化发展。

以自然资源、人文资源和市场有利发展条件为依托，重视产业发展潜力深度挖掘。如依托当前北京—张家口2022冬奥会筹备期间的良好政策、社会文化环境，大量发展冰雪运动旅游。

四、创新型开发模式

体育旅游资源的创新性开发，是体育旅游产业科学、持续化发展的关键。

在体育旅游资源的创新型开发模式构建过程中，首先要树立创新意识，积极地去发现问题，解决问题，进而实现创新；其次要掌握正确的创新方法，只有创新意识是不行的，科学的创新方法选择才能最终促进创新落到实处，成为实践。此外，需要特别注意的是，在创新过程中，要始终以体育旅游产业的科学发展理论为实践指导。

具体来说，体育旅游资源的创新开发应从以下几方面入手。

新兴型项目开发。关注大众体育参与新趋势，围绕新兴体育项目开展旅游活动，如高尔夫休闲度假游、军事体育项目（实弹射击、军事游戏）、户外拓展与极限训练等。

　　移植型项目开发。引入当地没有开展过的体育项目，丰富体育旅游内容，如在我国南方地区，将室内冰上运动与户外水上运动结合起来；在我国北方地区，将冰雪运动与泡温泉等结合起来；在草原沙漠地区开展滑草、滑沙运动。

　　依托大型体育赛事开展旅游。如我国 2008 年奥运会比赛期间，来我国旅游的人数猛增，他们不光是观赏赛事，还游览我国名胜古迹、体验我国民族风情等。

第六章 全域旅游视角下体育旅游市场经营与管理体系的构建

体育旅游是我国旅游的主要组成部分，随着市场经济的发展和人们生活水平的提高，体育旅游市场的开发与发展具备了有利的条件，而且市场规模不断扩大，这就对市场经营与管理提出了更高的要求。尤其在我国进入新时代后，有关部门不断促进经济要素的自由流动，高效配置资源，推动各地更大范围、更高水平、更深层次的合作，致力于共同打造区域合作架构，而本身就具有开放性的体育旅游在这方面发挥着重要的作用，因此有必要深入研究我国体育旅游市场开发，以期为加强体育旅游市场经营管理体系的科学构建提供有力的支持。

第一节 体育旅游市场概述

一、体育旅游市场的概念

体育旅游市场指的是体育旅游产品供求双方交换关系的总和。体育旅游市场是一个交叉型的复合市场，包含了体育产业与旅游产业两大产业，有机融合了多个层次的休闲需求，如消费者的旅游观光、体育健身、娱乐等，体育旅游者在同一时间可以享受多重服务内容，获得多方面的满足。

旅游景点经营公司、旅行社以及旅游者是体育旅游市场的主体；体育旅游项目及其内容是体育旅游市场的客体。

二、体育旅游市场的要素

体育旅游市场包括以下三个要素。

（一）市场主体

体育旅游产品的生产者及体育旅游产品的消费者是体育旅游市场的主体，他们是体育旅游产品交换的买卖双方。

生产体育旅游产品、提供体育旅游服务的企业、个人以及其他社会团体等都是体育旅游的生产者。

（二）市场客体

可供交换的体育旅游产品是体育旅游市场的客体，体育旅游产品可使体育旅游者的需求得到满足。体育旅游产品主要包括以下内容。

①有形的体育旅游资源和体育旅游服务。

②无形的体育旅游资源和体育旅游服务。

③现有的和未来的体育旅游资源及服务。

（三）市场中介

体育旅游市场中介是将体育旅游市场主体和体育旅游市场客体联结起来的桥梁。

体育旅游市场中介主要包括竞争、价格、旅游质监机构、旅游中间商等。

三、体育旅游市场的细分

（一）细分步骤

以体育旅游者的偏好、需求、购买行为和购买习惯等差异为依据，将完整的体育旅游市场划分为多个不同的消费者群的市场，就是对体育旅游市场的细分。

一般需要按照以下步骤来细分体育旅游市场。

1. 营销调研

通过调研对有用的信息进行搜集，尽可能对体育旅游消费者的旅游需求及影响其消费行为的因素有一个详细的了解。

2. 确定细分标准

对搜集的信息进行分析与处理，将共同性因素去除，将差异性因素保留下来。不同的人对体育旅游有不同的需求，健康、人口统计、地理、可观赏、探险、行为和心理等因素是引起需求差异的主要原因，这些因素都属于体育旅游市场细分变量。对体育旅游市场进行细分时，需要参考其中的一些变量因素。

3. 分割市场

将所选的体育旅游市场细分变量因素作为细分标准，对体育旅游市场进行分割。一般先依据最基本的变量因素粗略地分割体育旅游市场，进而将其他变量因素作为细分标准进一步分割市场。

需要说明的是，体育旅游需求属于高层次心理需求，所以要从心理因素和行为因素等方面着手对人们的体育旅游动机进行了解，并识别体育旅游市场中不同子消费者群之间的内在联系，发现某些新的体育旅游细分市场，这些市场必须具有很大的商业开发价值。要注意的是，在细分体育旅游市场的过程中，不能在"分"上面一直走下去，还应适当地"合"，有些体育旅游子市场存在内在关联性，合并或重组这些市场可促进新的体育旅游细分市场的形成。

4. 选择目标市场

将体育旅游细分市场应具备的特征明确下来，对照细分市场的特征对市场细分结果进行评价。若细分有效，进而对目标市场进行选择和确定；如果细分结果无效，需要重新参考新的标准对市场进行细分，直至细分结果有效。

（二）细分标准

一般而言，可按照表 6-1 中的标准进行体育旅游市场细分。

表 6-1　体育旅游市场细分标准

细分标准	市场类型
地理因素	国际体育旅游市场
	国内体育旅游市场（城市体育旅游市场和农村体育旅游市场）
	出境体育旅游市场

细分标准	市场类型
体育项目因素	球类和非球类项目的体育旅游市场
	陆上项目、冰雪项目、水上项目等体育旅游市场
	室外和室内项目体育旅游市场

四、体育旅游目标市场的选择

（一）选择原则

体育旅游目标市场的选择需要遵循以下几个原则。

1. 可测量性

选择体育旅游目标市场时，要确保所选的市场是可测量的，即可以预测和衡量市场的规模、购买能力及未来发展。

2. 可营利性

获取经济利益是体育旅游企业的最大目标。因此，应保证所选的体育旅游目标市场在较长时间内是可以营利的。

3. 可进入性

在经济、政策、文化、资源等各个方面的限定下，某一企业能否进入其中目标市场，这就是体育旅游目标市场的可进入性。目标市场的进入门槛要与企业条件和经营目标相符，如果门槛较高，且不确定是否能够从中获益，就要选择放弃。

（二）选择策略

选择体育旅游目标市场的策略主要有以下几个。

1. 差异性市场策略

差异性市场策略指的是将整个体育旅游市场划分为多个需求量基本相同的细分市场，然后以企业自身条件为依据，分别针对各个细分市场对不同的体育旅游产品进行策划的营销策略。采用这一策略可以使不同特征的顾客群的体育需求得到满足，有利于体育旅游企业扩大市场占有率，取得理想的营销绩效。

但是，差异性市场策略在产品设计、销售渠道开发、营销策略实施方面会增加经营成本。

2. 无差异市场策略

无差异市场策略指的是将体育旅游市场看作一个大目标市场，不进行细的划分，用单一的产品、市场营销组合来为整个市场的顾客群服务。采用这一策略时，不需要深入研究市场，体育旅游企业只是将标准化的产品提供到市场中，因此在产品开发、营销、市场调研等方面的费用就大大节省了，这对于企业形成规模经济具有积极的影响。

无差异市场策略也有自身的不足，如无法满足体育旅游者的多元需求，很难争取更多的消费者。

3. 集中性市场策略

集中性市场策略指的是将整个体育旅游市场细分为多个子市场后，只选择其中一个或少数几个市场作为目标市场，针对所选市场的顾客群对相应的产品进行开发。这一策略可增强体育旅游市场经营的针对性，促进产品市场形象和市场占有率的提高，此外，对于产品经营成本的节约也有利。但采用这一策略需要冒很大的风险。

第二节 体育旅游产品的开发

一、体育旅游产品概述

（一）体育旅游产品的概念

体育旅游经营者以体育旅游吸引物为前提，以体育旅游基础设施为保障，以满足体育旅游者需求和实现旅游目的为目标而提供的所有实物和劳务服务就是所谓的体育旅游产品。

（二）体育旅游产品的构成

1. 体育旅游产品的要素构成

体育旅游产品包括以下几个要素。

（1）体育旅游吸引物

能够吸引体育旅游者，可以为体育旅游企业开发利用，并可以产生相应的经济效益、环境效益以及社会效益的事物就是所谓的体育旅游吸引物。物质实体、自然和社会文化现象、具有影响的事件等内容都可以称为体育旅游吸引物。体育旅游资源、体育旅游景区等是体育旅游吸引物的常见形式。

游览和体验体育旅游吸引物是体育旅游者购买并消费某种体育旅游产品的主要目的，体育旅游吸引物直接决定了体育旅游者选购体育旅游产品的行为。

（2）体育旅游设施

体育旅游者完成体育旅游活动所必备的各种设施、设备和相关物质条件的综合就是体育旅游设施。一般可以将体育旅游设施分为以下两类。

①体育旅游基础设施。开展体育旅游活动必须具备的交通、水电、通信、卫生、城市环境等各种公共设施就是体育旅游基础设施。这些设施是实现体育旅游者空间位移的基本保证，是体育旅游者顺利进行体育旅游活动的基础物质条件，对体育旅游者旅游目的的实现以及旅游服务质量具有直接的影响。

②体育旅游服务设施。体育旅游经营者直接向体育旅游者提供服务的凭借物就是体育旅游服务设施，住宿、餐饮、娱乐等设施都属于服务设施，这些设施直接影响体育旅游者对体育旅游产品的选择。

（3）体育旅游服务

体育旅游服务是实现体育旅游产品价值的重要手段，常见载体包括有形物质产品、自然物和社会现象等。体育旅游者在旅游过程中，都会购买和享受大量的体育旅游服务，因此在体育旅游产品构成中，体育旅游服务始终不可替代。

狭义上来说，体育旅游过程中直接向体育旅游者提供的服务就是体育旅游服务。广义上来说，除直接提供的服务外，还包括向体育旅游企业提供物质和非物质产品的部门的服务，这些服务有效支持着体育旅游企业向体育旅游者提供服务。

（4）体育旅游可进入性

体育旅游可进入性指的是体育旅游者在居住地与旅游目的地之间及在多个旅游目的地之间来回移动的方便、快捷、通畅的程度，具体表现为进出旅游目的地的难易程度和时效标准。主要可从以下三个方面进行考察。

第一，交通网络是否完善、发达。

第二，通信条件是否方便。

第三，出入境签证手续、出入境验关程序、服务效率和信息咨询等是否便捷。

体育旅游可进入性是连接体育旅游者需求与各种具体体育旅游产品的纽带，是成功组合体育旅游产品的前提，同时，也是对体育旅游产品成熟度进行衡量的主要标志，其极大地影响了体育旅游产品的成本、吸引力以及质量。

2. 旅游产品整体构成

现代市场营销理论指出，形式部分、核心部分、延伸部分是构成整体产品的三个重要组成部分。产品中能够使消费者需求得到满足的基本效用和核心价值就是核心部分；产品的外形和实体是其形式部分；给消费者带来附加利益的部分就是产品的延伸部分。

（1）形式部分

在体育旅游过程中，旅游者直接接触的实物等的外观就是体育旅游产品的形式部分，如体育旅游产品的载体（旅游设施、景区景点、娱乐项目等）、风格、特色、质量、声誉及组合方式。这一部分主要是促进体育旅游产品核心价值的提升，使旅游者的生理需求得到满足。此外，形式部分还能够使核心产品变得更加具体和实在。

（2）核心部分

一般来说，体育旅游吸引物和体育旅游服务是体育旅游产品的核心部分，它们是体育旅游产品的本质和灵魂，是体育旅游产品得以存在的基础，核心部分可以使体育旅游者进行旅游活动的需求得到最大的满足。

（3）延伸部分

体育旅游者购买体育旅游产品时获得的优惠条件及其他附加利益就是体育旅游产品的延伸部分。一般产品的核心部分与形式部分是相匹配的，但未必都有延伸部分。但在体育旅游业中，体育旅游产品以服务为主体，所以也有占重要地位的延伸部分。延伸部分可以使体育旅游者对旅游产品做出好的评价，可以激发旅游者尽快做出决策，同时也可以提高体育旅游产品的竞争力和吸引力，使体育旅游产品具有更大的竞争优势。

二、体育旅游产品的生命周期及控制

（一）体育旅游产品生命周期理论

从体育旅游产品进入市场到最后被市场淘汰、退出市场的整个过程就是体育旅游产品的生命周期。体育旅游产品生命周期理论从时间层面来对产品进行研究和评价，为体育旅游产品演化、发展的分析及预测，为体育旅游产品的市场营销提供了重要的理论依据。

一个旅游产品的发展变化过程一般要经历导入期、成长期、成熟期和复兴期或衰退期四个阶段。

1. 导入期

新的体育旅游产品进入体育旅游市场的时期就是导入期，建成新的旅游景点、旅游娱乐设施，开通新的旅游线路，推出新的旅游项目等是这一时期的主要表现。导入阶段具有以下几个特点。

①很多体育旅游者还没有完全了解和接受体育旅游产品，新产品的销售缓慢增长，而且没有规律。

②体育旅游企业投入大量费用，但接待量很少，经营成本高。

③企业通过大量的广告和促销来增加体育旅游者对新产品的了解和认识，营销成本高。

④旅游者试验性购买新产品，重复购买较少。

⑤企业销售量小，销售额低，利润小，甚至有些企业会亏损。

⑥同行竞争在市场上基本不存在。

2. 成长期

在成长阶段，体育旅游景点、旅游地的开发已经初具规模，体育旅游设施和旅游服务逐步配套，体育旅游产品呈现出自己的特色，前期宣传效果日渐明显。体育旅游产品在成长阶段具有以下几个特点。

①产品拥有一定知名度，销量增长迅速。

②旅游者基本熟悉了产品，试用的人减少，重复购买的旅游者增多。

③产品广告宣传投入相对减少，销售成本下降，利润增加。

④市场上出现相同产品，同行竞争日益激烈。

3. 成熟期

在成熟期，体育旅游产品表现出以下几个特征。

①潜在顾客减少，重复购买者增多。

②市场需求量达到饱和，销售量达到顶点。

③前期销售量持续增加，中期不增不减，后期几乎不再增长，甚至会减少。利润增长基本达到最高点，并逐渐下降。

④市场上的同类产品和仿制品增加，市场竞争激烈。

4. 衰退期

产品的更新换代阶段就是产品的衰退期，这一时期的产品主要有以下几个特点。

①新产品已进入市场，老产品逐渐被替代。

②旅游者对老产品不再感兴趣，注意力放在了新产品上。

③大部分老产品市场销售量日益下降，少数名牌产品还比较稳定。

④同类产品之间价格竞争激烈，导致价格下跌，利润减少，甚至一些企业出现了亏损现象。

（二）影响体育旅游产品生命周期的因素

影响体育旅游产品生命周期的因素主要有以下几个。

1. 需求因素

需求因素具体指的是体育旅游消费者的愿望或动机，这是影响体育旅游产品生命周期的重要因素，体育旅游产品的产生、发展和消亡甚至直接由需求因素决定。随着消费观念的变化、收入的增减、新旅游景点的出现等，体育旅游消费者的需求也会发生相应变化，从而对体育旅游产品生命周期的演变造成一定的影响。

2. 供给因素

体育旅游产品的种类、质量、主导旅游产品的生命周期阶段以及体育旅游产业各部门间发展的平衡性会影响体育旅游产品的生命周期。

体育旅游产品种类少，则难以吸引游客的注意力，并导致体育旅游市场的发展空间缩小。

体育旅游产品质量差，会影响体育旅游产品的美誉度、游客的满意度和忠诚度，从而对消费者的数量造成影响。

3. 吸引力因素

体育旅游资源的吸引力是影响体育旅游产品生命周期最为关键的因素，具体体现在体育旅游资源的两大功能上。

第一，体育旅游资源具有吸引功能。体育旅游产品对旅游者的吸引力直接由体育旅游资源的这一功能决定。一般来说，体育旅游资源越有特色，就有越强的吸引力，继而会使客源增加，延长体育旅游产品的生命周期。

第二，体育旅游资源具有效益功能。体育旅游业发展水平直接由体育旅游资源的这一功能决定。体育旅游资源的经济效益、社会效益、环境效益等越高，体育旅游业的发展环境就越好，这就会延长旅游产品的生命周期。

4. 效应因素

以下三个方面的效应因素会对体育旅游产品的生命周期产生影响。

（1）经济效应

经济效应一般从以下两方面影响体育旅游产品的生命周期。

一方面，积极的经济效应能够使体育旅游产品从导入期进入发展期和成熟期的过程加快，使其成熟期时间延长，同时，还会促进体育旅游产品的开发与发展。

另一方面，负面的经济效应会使体育旅游产品早早进入衰退期。

（2）社会效应

一般来说，在体育旅游产品的导入期和成长期，消费者会积极影响体育旅游产品的生命周期演进；而在体育旅游产品的成熟期，因为同类产品大量涌现，消费者的注意力发生转移，所以会导致旧的体育旅游产品加速进入衰退期。

（3）环境效应

环境因素广泛而深刻地影响着体育旅游活动。如果体育旅游产品管理不当，则会严重影响旅游地的环境，这就会影响体育旅游者的消费需求和旅游愿望。

5. 环境因素

这里的"环境"指的是体育旅游企业的经营环境。旅游企业的经营环境会从很大程度上影响体育旅游产品的生命周期，这不仅体现在环境系统本身所产生的影响上，效应、需求和供给等因素注入企业经营环境后也会对旅游产品的生命周期产生影响。从这一角度来看，体育旅游企业在运作过程中积极适应社会大环境，与外部经营环境相互配合与协作，不断调整内部组织结构，完善内部管理体系，构建企业文化，树立良好企业形象，做好营销宣传工作等是企业在影响产品生命周期方面发挥积极作用的重要举措。

（三）体育旅游产品生命周期的调控

为了提高体育旅游产品的经济效益、社会效益和环境效益，需要以不同阶段体育旅游产品的特点为依据，制定不同的产品营销策略。

1. 导入期的调控

创造体育旅游产品的知名度，提高体育旅游产品的市场占有率是导入期的主要营销目标。在这一时期，体育旅游企业应做好以下几方面的工作。

①想方设法让新产品快速进入市场，促进新产品市场占有率的提高。

②提高体育旅游企业的声誉，树立良好的企业形象。

③提高体育旅游产品的利润率，争取用最短的时间收回成本。

2. 成长期的调控

追求市场份额最大化是体育旅游产品成长期的主要营销目标。企业应积极调整营销策略，以促进产品市场占有率的提高，继续维持市场增势，具体措施如下。

①提高体育旅游产品的质量，促进产品外延部分的扩大，探索和进入新的体育旅游细分市场。

②降低产品价格，吸引潜在消费者。

③积极进行产品的宣传与促销，将潜在消费者的兴趣和购买欲望激发出来，使其成为固定消费者。

3. 成熟期的调控

保护市场份额、争取最大利润是体育旅游产品成熟期的主要营销目标，为了实现这一目标，企业必须加强对产品的改造与创新，具体从以下几方面进行。

（1）市场创新

通过市场渗透、市场开发使现期产品的消费量不断增加。

（2）产品创新

根据市场需求的变化来改进现有旅游产品，提高体育旅游产品的吸引力。

（3）营销组合创新

以市场竞争状况为依据不断改进市场营销组合模式，尽量延长体育旅游产品的成熟期。

4. 衰退期的调控

压缩开支，获取剩余品牌价值是体育旅游产品衰退期的主要营销目标。为了实现该目标，企业必须有选择地实施以下几种战略。

（1）收获战略

针对知名度仍然较大或拥有一定市场占有率的产品，减少开发和宣传成本，继续对外销售，获取短期利润。

（2）维持战略

重新定位体育旅游产品或开发旅游产品的新功能，使其进入复兴期。

（3）放弃战略

企业应尽早放弃那些已经失去经营价值的体育旅游产品。

三、体育旅游产品的开发

（一）体育旅游产品的开发原则

开发体育旅游产品应遵循以下几个原则。

1. 市场导向

体育旅游业的市场经济特征是非常典型的，体育旅游产品的生产与发展方向都是直接由体育旅游需求决定的。因此，开发与设计体育旅游产品必须以体育旅游消费者的需求为依据，坚持市场导向原则。坚持这一原则需要做到以下两点。

第一，深入分析体育旅游市场，明确市场定位，对市场经济规律严格遵循。

第二，要以体育旅游市场的变化和体育旅游产品的生命周期变化为依据，不断挖掘现有产品的新功能，不断开发新产品，使旅游者的需求得到最大的满足。

2. 系统开发

体育旅游产品具有综合性特征，其功能与一般产品的功能是不同的。生产体育产品受多种因素的影响，而且涉及多个部门，过程十分复杂。因此开发和设计体育旅游产品时，必须站在综合、系统的角度来进行，全面规划，协调好每一个环节。

3. 突出特色

对于体育旅游产品而言，其特色就是灵魂，要提高体育旅游产品的竞争力和吸引力，必须从产品的特色入手。突出特色原则要求体育旅游经营者对体育旅游产品的文化进行深入研究，将一般普遍性特征去除，对产品的独特性特征进行提取，并不断强化产品的特色。

4. 可持续发展

开发体育旅游产品必须依托一定的体育旅游资源，部分体育旅游资源不可再生，因此开发体育旅游产品必须遵循可持续发展原则，具体要做到以下两点。

第一，对体育旅游产品的生命周期规律予以尊重，针对不同阶段产品的特征对体育旅游产品进行开发。

第二，开发与设计体育旅游产品的同时要保护生态环境，节约资源。

（二）体育旅游产品的开发流程

开发体育旅游产品不仅要设计新产品，还要改进现有产品。体育旅游产品的开发并非一个线性过程，开发出来后还要进行科学的检测和反馈，还要不断改进与完善。因此，开发体育旅游产品是一个循环过程，这个过程一般包括以下十个步骤。

1. 市场调查与分析

通过调查与分析体育旅游市场，对没有被满足的市场需求进行探索，进一步筛选市场需求，将市场价值高的有效需求确定下来，再根据其特征对新的体育旅游项目进行开发。

2. 市场细分

在结束调查与分析后，以影响体育旅游者需求变化的因素为依据，把整体有效需求市场划分为若干具有不同需求的旅游者群体，然后再根据不同旅游群体的实际需求对旅游市场进行细分。

3. 目标市场选择

评估细分后的各个市场，对每个细分市场的发展潜力进行评价，选择开发价值最高的细分市场为目标市场，以此为依据将体育旅游产品开发的具体事项确定下来。

4. 产品构思

以体育旅游目标市场的特征与需求为依据，设想体育旅游产品的基本轮廓。企业内部、企业外部（旅游者、竞争对手等）都可以是构思的来源。

5. 意念筛选

从企业的资源、条件、市场状况、经营管理水平等方面着手综合评价得出的构思，将不可行的想法排除，将可开发的构思方案明确下来。

6. 概念测试

把经过筛选后的体育旅游产品构思发展成为具体的产品概念，接受目标市场的测试，从中获得相应的反馈，并对比与分析产品概念与竞争对手、顾客需求之间的差异，从而明确旅游产品定位，对相应的营销计划进行科学制订。

7. 效益分析

评估新旅游产品的可行性和收益率，以评估结果为依据来决定是否开发旅游产品，是否将其投入市场。

8. 产品开发设计

产品开发设计是开发体育旅游产品的实际运作环节，企业具体开发与设计有开发价值的旅游产品，在这一过程中，企业需要完成以下工作。

①投入资金，采购设备。

②调配各部门的力量。

③选聘专业人员。

④建立各种沟通关系。

⑤与有关供应商讨论合作事宜等。

9. 产品上市

新产品开发成功后应正式向市场投放开发成功的体育旅游产品，销售新产品。随着市场需求的变化，企业要不断收集反馈信息，并以此为依据改进与更新旅游产品，以充分满足体育旅游市场的多元需求。

10. 市场反馈

将新产品投放市场进行销售后，企业要深入了解消费者对新产品的评价，收集信息和意见，并进行分析，从而有针对性地改进产品和服务，提高产品质量。

第三节　体育旅游市场营销策划

一、体育旅游市场营销策划的概念与特点

（一）体育旅游市场营销策划的概念

体育旅游市场营销策划指的是为实现一定的营销目标，在准确分析体育旅游企业营销现状，并对企业资源有效运用的基础上，对一定时期内的企业营销活动的方针、战略以及实施方案与具体策划的预先设计和控制。

（二）体育旅游市场营销策划的特点

好的市场营销策划对完成既定目标具有重要的作用和意义。体育旅游产业具有一定的特殊性，所以在营销策划中，不仅要遵循一般市场营销策划的规范与要求，还要充分认识体育旅游市场营销策划的特点，从而有针对性地进行营销策划，进而提高体育旅游产品的市场效益。

1. 复杂性

体育旅游市场销售的体育旅游产品丰富多样，十分复杂。既有体育有形产品，又有体育无形产品；既有体育物质产品，又包括服务产品；既有以实现经济效益为目的的经营实体，又有公益组织；既有体育主体产业，也有相关产业。可见，体育旅游产业的产品非常复杂，类型非常多。这就使体育旅游产品营销有了一定的难度，如何有机结合有形产品与无形产品，如何对追求物质利益与传播精神文明有一个合理的认识与把握，这都是有关部门必须考虑的问题。

2. 时效性

体育旅游服务产品大都是无形的，而且是一次性的，所以体育旅游市场营销策划的时效性特征就非常突出。体育竞赛产品的时效性尤为明显，不管是奥运会、世界锦标赛、亚运会、全运会等大型比赛，还是一些小型的商业比赛或社区运动会等，都是在特定的时间段里举行的。这些竞赛产品在生产的同时也伴随着消费，这就对体育竞赛产品营销策划提出了很高的要求，即在一定的时间周期内，产品的营销策划是一次性的，策划一旦失败，是无法补救的，或补救的效果不大。因此，在体育旅游市场营销策划中必须考虑特殊产品的时效性。

二、体育旅游市场营销策划的意义

在体育旅游行业中，每家企业都必须事先做好准备和策划工作才能更好地实现预期目标。具体来说，体育旅游市场营销策划的意义主要体现在以下几方面。

①为体育旅游企业的发展提供路线图。

②有助于体育旅游企业战略的有效管理和实现。

③有助于体育旅游企业获得好的发展资源。

④有助于更高效地利用人、财、物等企业资源。

⑤协调相关工作与任务，合理分配有关部门及人员的职责。

⑥有助于与新雇员进行沟通与协调。

⑦深入认识企业的优势、不足，面临的问题与威胁，从而扬长避短，弥补不足。

三、体育旅游市场营销策划的组织机构

（一）体育旅游营销策划的部门

很多体育经营组织都会对专门的营销策划部门进行设置。企业的营销策划部门就像是人的大脑，有了这个专业的组织机构，企业可以自行设计各种符合本企业特征与实际的营销策略，从而更好地实现预期营销目标。

进行体育旅游市场营销策划的方法有几种，在选择具体的方法时，要以体育旅游经营企业的规模和职员能力为依据来选择。一般来说，在规模小、利润低的组织，通常是由首席执行官和营销经理制订营销计划的；而在规模大、利润高的体育旅游企业，通常由首席执行官、副总、营销部门经理和财务经理共同制订营销计划。一些小型企业人力资源不足，所以会雇用其他专业策划公司来制订营销计划。事实上，一些规模比较大的公司有时也会将本企业营销策划的一部分任务和工作交给专业策划公司来完成。需要注意的是，专业策划公司做出的营销策划可能不符合公司的实际情况，与公司自己做的策划有出入，这就需要双方进行协调，最后选一个折中的、更有利于企业实现营销目标的方案。对于缺乏内部资源的体育旅游企业来说，他们只能将营销策划工作交给企业外的专业策划公司，以此实现自己的目标。

要由专业策划公司来完成营销策划工作，企业通常需要支付相应的费用，策划公司实力越强，声誉越好，价格也就越高。因此，体育旅游企业必须要准确计算策划成本，计算相关开支，最后决定是否要交给专业策划公司来做本企业的营销策划，或决定选择哪一家专业策划公司。如果企业决定让专业策划公司来完成策划工作，就要加强与专业策划公司的密切配合，使策划公司所做出的方案能够发挥更好的效果，使企业获得最大的收益。

（二）体育旅游营销策划部门的职能

体育旅游市场营销策划部门要承担的职能主要包括以下几个方面。

①对销售组织进行规划，招聘、培训销售组织人员。

②对销售人员的工资制度、奖励制度明确制定。

③合理制定与分配营销业绩和目标。

④将体育旅游产品的价格确定下来。

⑤深入进行客户分析，做好分类管理工作。

⑥对年度营销计划进行拟订。

⑦划分销售辖区，科学安排与设计销售渠道。

⑧分别制定针对经销商、业务员、消费者的促销方案，完善促销策略。

⑨对年度广告策略（广告计划、广告代理商选择）进行规划。

⑩深入进行市场调查与营销研究。

⑪统计、分析及预测销售业绩。

⑫对提高企业知名度、应对各种市场竞争的策略进行研究，并着手拟订。

四、体育旅游营销策划人员的素质

营销策划人员不仅是创造性的思考者，更是行动的计划者和组织者，他们关注的是对问题进行处理与解决的方法和途径，而非问题本身。策划思维与创造性思维是有区别的。策划的前半步是创造性思维，后半步是要付诸行动的计划。因此，营销策划人员除了要具备创造性思维能力外，还必须具备以下几方面的素质，这样才能成为一名优秀的体育旅游市场营销策划人员。

（一）知识丰富

体育旅游市场营销策划人员必须掌握一定的体育旅游专业知识、法学知识、统计学知识以及经济学知识等。

（二）观察力敏锐

体育旅游市场营销策划人员要能够从众多资料中发现可利用的材料，或发现别人不易发现的有用的资料。

体育旅游市场营销策划人员要凭借敏锐的观察力迅速发现问题的关键及解决问题的突破口。

（三）善于接受各方面意见

体育旅游市场营销策划人员要精益求精，要虚心接受不同意见，从而不断提高策划的质量。此外，策划人员还必须不断吸收外来的有价值的资源，不断提升自己。

（四）公关能力较强

策划人员是解决问题的重要人员，在解决问题的过程中难免会涉入各种社会关系中，因此，策划人员必须学会将各种有利的社会资源充分利用起来，能够处理好各种关系，具有良好的人际交往能力。此外，策划人员的语言和书面表达能力也必须达到一定的水平，可以熟练地运用各种技巧来提高自己的说服力，使自己的营销方案能更好地被客户接受。

五、体育旅游市场营销策划方案

通常，一份完整的体育旅游市场营销策划方案主要包括以下几部分内容。

（一）执行概要和目录

完整的体育旅游市场营销策划的开头，应该是简短陈述主要目标和内容，包括概要、目录两部分。

1. 概要

概要是高度概括说明策划内容，目的是使客户在短时间内明确策划的核心内容。

2. 目录

简单罗列各部分内容的清单就是目录，目的是使客户对策划内容的全貌有一个快速了解，并为客户查阅相关内容提供方便。

（二）当前营销状况

当前营销状况的内容应包括体育旅游产品在当前营销中的市场情况、竞争情况、分销渠道等，详细说明这部分内容，有助于对体育旅游目标市场以及公司在目标市场中的地位进行准确把握。

（三）机会和问题分析

依据当前营销状况，总结当前市场形势，对公司和产品面临的SWOT（机会、威胁、优势、劣势）及在整个策划期内面临的问题进行综合分析。

一般用SWOT分析工具来对公司与产品面临的机会和问题进行分析，通过分析可以全面评估和了解公司和产品的内外环境。

（四）营销目标

本计划期内要达到的目标就是营销目标，实施营销战略和行动方案离不开营销目标的指引。要实现预期的营销目标，不仅要销售产品，获得利润，还要不断开发和培育市场，提高企业与产品形象。

一般应在分析机会与问题的基础上来制定营销目标，对营销目标的制定必须要高度重视，这是营销策划的核心部分，目标一经确立，就要付诸行动，为实现目标而努力。

（五）营销策略

为实现营销目标而采用的手段和途径就是营销策略（包括目标市场选择策略、市场定位策略、营销组合策略等）。

在这一部分，要对每个营销组合要素的具体措施进行阐述，要对每项战略如何应对机会和威胁做出解释，并且说明策划中的关键问题。

（六）行动方案

采用具体行动来执行计划时，需要行动方案的指导，行动方案中一般要说明要做什么、需要投入多少成本、什么时候开始做、什么时候完成、由谁负责什么工作等问题。总之要对战略实施的各个因素、环节进行全面考虑。

在实践策划中，可以将以上问题和每项活动的具体程序表都详细列出来，为执行计划和检查实施效果提供方便。

（七）预算和控制

在营销策划中，要将各项收支预算明确列出来，这是企业购买材料、安排生产、开展营销活动的重要依据。此外，还要充分控制执行营销策划的整个过程，督促各部门改进工作，高质量地完成任务、达成预期目标。

六、体育旅游市场营销的实施与控制

（一）体育旅游市场营销的实施

体育旅游市场营销的实施需要完成如下工作。

1. 对行动方案进行制定

为了对营销战略进行有效实施，应科学制定营销方案，将营销战略实施的关键性决策和任务明确下来，并合理安排任务，使个人或小组都能高效履行职责，完成任务。此外，在行动方案中还要安排好具体时间的工作。

2. 建立组织机构

在实施营销战略的过程中，建立组织机构具有决定性作用。通常而言，组织结构的职能主要表现在以下两方面。

第一，明确分工，将全部工作分解成几个部分，再分配给有关部门和具体人员，以便管理。

第二，发挥协调作用，通过组织联系和信息沟通网络对部门之间的行动进行有效的协调。

企业的发展战略不同，需要建立的组织机构也就不同，但二者目标必须一致。

3. 开发人力资源营销战略

人力资源的开发涉及选拔、培训、激励、考核等几个方面的问题。在对人员进行安置时，要人尽其才；要制定合理的工资制度、福利制度和奖惩制度，以提高员工的工作积极性。

4. 对决策和报酬制度进行设计

营销战略实施的成功与否与这一环节有直接的关系。以评估和报酬制度为例，如果以短期经营利润为标准来评估工作人员，就无法提高人们长期努力工作的积极性。

5. 对营销战略实施系统各要素的关系进行协调

为了对体育旅游市场营销战略进行有效实施，必须充分协调战略实施系统内部各要素之间的关系，充分发挥各要素的作用，最大化地提高实施效果。

6. 建立企业文化

体育旅游企业的经营思想和领导风格、工作人员的工作态度和作风等都是受企业文化所影响的，因此必须建立和完善企业文化，发挥企业文化的重要作用。

（二）体育旅游市场营销控制

体育旅游市场营销控制就是检查与评估体育旅游企业的市场营销业绩。具体程序为，对评估原则进行制定，评估营销业绩，对比业绩标准，分析造成差距的原因，改进营销方案，修订业绩标准等。体育旅游市场营销控制的主要目的是有效调节体育旅游市场营销活动，更好地适应企业内外环境的变化。

体育旅游市场营销控制主要包括以下三种类型。

1. 年度计划控制

确保获得年度计划中确定的销售利润、市场份额，实现年度计划中的其他目标，这是实施年度计划控制的主要目的。这种控制类型的主要内容是控制销售额、控制市场占有率、控制费用率等。

2. 战略控制

确保企业目标、政策、战略与市场营销环境相适应，这是战略控制的主要目的。市场环境复杂多变，所以预定的目标和战略也要相应调整，所以企业应该利用"营销审计"工具重新对企业的营销战略和实施情况进行批判性的评估。营销审计指的是定期对企业的营销环境、营销目标、营销战略和营销活动进行独立、系统、综合的审查，寻找营销机会，发现问题，提出改善的行动计划和建议，供企业决策时参考和采纳。

3. 赢利控制

体育旅游企业对各类体育旅游产品、消费群、分销渠道等方面的获利能力进行分析与评估，这就是赢利控制。分析赢利能力需要全面处理财务报表和数据，把企业所获得的利润分摊到地区、产品、渠道、消费者等因素上，从而对每个因素的获利能力及其对企业最终获利的贡献大小进行分析与把握。分析各个因素的获利能力主要是为了将妨碍获利的因素找出来，采取措施将这些不利因素排除或削弱这些因素的影响力。因此，营销管理者必须以各方面因素的特点和类别为依据，将财务报表充分利用起来，对各种营销损益表进行重新编织，并深入分析各损益表。由于体育旅游产品形式多样，所以赢利渠道也是多元的，企业要不断开发各种有利的渠道来获取利润。

第四节 体育旅游市场的经营与管理

一、体育旅游市场的经营策略

（一）对目标市场的需求进行明确

制订体育旅游产品营销计划的首要条件就是了解体育旅游者的特殊需求。体育旅游者不同于普通旅游者和体育爱好者，这个群体比较特殊，他们的需求欲望也比较独特。市场营销观念认为，明确目标市场需求，并能以有效和高效的方法满足市场需要，这是达到企业目标的关键。

经济的发展和生活方式的现代化改进使人们的物质财富和余暇时间也不断增加，但同时也产生了一些对人们健康和生活不利的因素。现代社会中，人们的工作压力越来越大，面临的竞争不断加剧，再加上缺乏运动，患高血压、肥胖病、糖尿病等疾病的人不断增加，对此，人们十分渴望摆脱压力，放松身心，这些需求可以在体育旅游中得到满足。

有关调查表明，目前我国普通客源市场比例大约占 45%，这类市场以实践型、休闲娱乐型为主，与现阶段我国体育旅游产品的供求能力相符；而特殊客源市场比例大约为 33%，以冒险型、极限型为主，可见体育旅游市场的开发前景良好。潜在客源市场大约占 22%，以康乐保健型、启迪开智型为主，这说明我国体育旅游产品拥有巨大的开发潜力。

（二）对体育旅游产品的区域定位策略和营销组合进行构建

在对体育旅游产品进行分析的基础上，按区域来细分体育旅游产品市场，对目标市场进行选择和明确，对客源市场进行深入调查与研究，将能够满足消费需求的体育旅游产品和产品项目找出来，这是体育旅游市场分析的主要目标。明确目标后，再对体育旅游市场经营与发展的环境制约因素进行分析。

体育旅游产品比一般旅游产品更依赖自然环境因素，因此很容易被自然环境因素影响和限制。在此基础上，可对适应性较强的地域性体育旅游产品及容易建设的体育旅游产品进行开发，突出产品的特色，这对于体育旅游整体市场的开发是有利的，从而将区域定位策略和营销组合策略确定下来。

（三）对合适的体育旅游产品策略进行制定

在体育旅游市场营销策略中，体育旅游产品策略是核心部分，其中包括现有体育旅游产品的经营、开发和设计新产品等。企业要从市场需求出发提高体育旅游产品的品牌知名度，刺激消费者的需求，然后尽可能满足消费者的需求。

在对体育旅游产品线进行设计时，需要遵循的原则有贯彻市场规律、突出主题和特色、丰富多样等原则。同时，营销策略的前瞻性和可行性也是必须考虑的问题。

（四）建立体育旅游产品的分销系统

我国体育旅游起步较晚，群众基础还不够广泛，因此要不断进行宣传，通过舆论导向来推动体育旅游产品的发展。在宣传方面，有关部门要发挥自身的职能，举办一些主题活动，扩大体育旅游的影响力。当然，在体育旅游宣传中，广播、电视和报刊等新闻媒体的作用也是非常重要的。另外，企业还可以利用新科技建立体育旅游热点网站，深入开展网络营销，提高体育旅游产品的知名度和吸引力。

（五）对体育旅游者反馈信息系统进行建立

体育旅游人群相对较为稳定，如球迷、体育爱好者等，针对这些群体建立体育旅游者反馈信息系统，适时听取意见和建议，可以有针对性地对旅游产品和服务进行不断改进和创新，从而使体育旅游产品更好地满足旅游者的需求，以维系老顾客，增加新顾客。

二、体育旅游业务日常管理

体育旅游业务日常管理主要包括以下几个步骤。

（一）客户询价

前台接待人员接听咨询电话，将对方的姓名、电话、人数、出行日期、行程线路、等级标准和特殊要求等问清楚，并将这些信息详细记录下来。

（二）报价

前台接待人员将客户询价信息转交到计调。计调人员找出客户需要的产品，给出报价。与客户认真沟通，将客户出行计划确定下来。沟通过程中，计调人员应注意以下几方面的内容。

①对客户在行程中可能的适应状况进行了解，如果客人所选的线路不符合客户实际状况，要进行善意的劝阻。提前告诉客户有关体育旅游线路的政策性变化，以使客户及时对行程做出调整。耐心、认真地解答客户的问题，实事求是，不隐瞒，不夸大。

②注意合理报价，不要一味追求高利润。因为对于公司来说，首要任务是提高市场占有率。

③高效、准确地做出报价回复。

（三）客户跟踪

报价后要及时跟踪，在保证质量、确保可以盈利的前提下，以实际情况为依据对价格和供应标准进行灵活调整，以促进报价成功率的提高。

在团队跟踪中，应将跟踪人姓名、跟踪时间、跟踪情况明确标注在报价单顶端，同时对报价后客户的反应进行认真分析与评估，以便做出适当的调整。

（四）团队确认

团队确认后，应在第一时间将定购单交给票务部，对票务预定状态进行核实、确认。

（五）客户回传

客户回传后进行以下安排。

①通知客户需要带哪些证件，将出票时间、收款方式向团队告知。

②向票务部发出通知，让工作人员出票。

③按照一定的要求将旅游团队财务通知单认真填好。

（六）团队操作

将计划书发送给各有关单位，逐一落实，包括用房、用车、用餐、地接社、返程交通等。

（七）团队运行

遵循"一进一出"原则，即要密切关注团队抵达第一天及返程最后一天。遇到问题或投诉时，与客户及时取得联系，认真沟通，迅速高效地解决问题。

（八）售后服务

团队返程后，主动与客户沟通，了解客户意见。如无问题，整理团队资料并存档。

三、体育旅游风险及管理

在体育旅游市场中，风险现象总是会出现的，这就引发了体育旅游的安全保障问题，对体育旅游市场的健康与可持续发展造成了严重的影响。

（一）体育旅游风险的类型

依据体育旅游风险产生的原因，可以将体育旅游风险划分为以下三种类型。

1. 自然风险

地震、海啸、暴风雪、洪水等是常见的自然风险，不可预见、不可抗拒是自然风险的主要特征。

2. 人为风险

导致人为风险的原因主要有以下几方面。
①体育旅游者缺乏一定的专业知识和专业能力。
②体育旅游活动设施陈旧，没有及时维修与更换。
③体育旅游景区管理不当等。

3. 社会风险

体育旅游中遇到的民族冲突、恐怖袭击等属于社会风险。

对以上风险类型进行有效识别是高效开展体育旅游风险管理工作的基础与前提。

（二）体育旅游风险的形成

体育旅游风险的形成与以下两大因素有直接的关系。

1. 体育旅游内部因素

体育旅游集休闲、趣味、刺激等特点于一身，深受人们喜爱，可以使人们放松身心，增添生活情趣。但体育旅游同时具有惊险性、刺激性，所以具有一定的危险因素。刺激性的体育旅游项目本身就有很多的惊险动作，而且动作难度较高，甚至有些项目带有危险性。如果有关部门没有妥善管理这些刺激性的项目，或者旅游者没有准确把握动作难度，就容易引起意外伤害。

2. 体育旅游外部因素

体育旅游中，有些意外事故是由交通、气候突变等原因引起的，有些是因为景区治安不当、公共卫生差等引起的。具体来说，与体育旅游风险形成的相关外部因素主要包括政治影响、台风、洪水、海啸、流感等公共灾害事件，这些因素对旅游者的人身财产安全、对景区的经营管理都造成了严重的影响。

（三）体育旅游风险的影响

体育旅游风险会对旅游者的身心、财产以及体育旅游市场的经营带来不利影响。

1. 风险对游客的影响

在体育旅游景区，一些风险因素的存在会引起游客的恐惧与恐慌，一些游客在感觉到风险的存在后，会放弃继续旅游。旅游景区一旦发生交通事故或重大治安事件，就会减少对游客的吸引力，游客基于自身生命与财产安全的考虑会放弃去该地旅游。所以说，体育旅游风险对游客选择景区具有重要的影响。

2. 风险对旅游经营的影响

体育旅游风险事件是非预期事件，不仅会对游客的心情和旅游景区的经营秩序造成影响，还会使旅游景区所在地其他链条的从业人员减少，使当地的物流、信息流、资金流减少，影响当地财政收入。因此，游客的旅游决策一旦因为旅游风险而受到影响，当地经济发展也就会受到影响。

（四）体育旅游风险的防范与管理

为了加强体育旅游市场风险的防范与管理，需要做好以下几方面的工作。

1. 加强风险防范与管理的综合治理

有些体育旅游风险是可预见的，而有些是不可预见的，造成风险的因素有很多，因此必须进行综合管理与治理。对此，国家要加强立法工作的实施与完善，将严格规范的防范管理要求明确提出来，将各地、各部门、各级政府和旅游企业的职责明确下来，综合检查、综合治理、综合监督，做好监管与预防各类风险的工作。

2. 在风险防范与管理中投入一定的技术力量

在体育旅游风险防范与管理中，技术投入至关重要，不管是政府部门的监督管理，还是体育旅游企业的内部管理，都应该重视起来。在体育旅游风险管理中，专业技术人员的风险防范管理是非常重要的环节，对此，各级部门和企业内部要做好技术培训工作，加强风险知识教育，及时维修设施，加强技术防范，充分发挥技术力量的作用。

3. 完善风险预警与应急处理机制

体育旅游风险管理系统既包括风险预警，又包括应急处理。在风险预警中，要做好风险监测、处置等工作。在应急处理中，体育旅游部门要依据规范和要求认真处理风险事件，争取将风险带来的不利影响控制到最小。

4. 注重风险事件发生后的形象宣传

发生风险事件后，体育旅游企业应该冷静对待媒体，加强对外宣传，避免不当舆论给企业带来不利影响。同时，企业要积极宣传景区的美好形象，消除游客的心理阴影。总之，企业要从各个方面积极应对风险事件后的问题，争取减少损失，重新树立良好形象。

第七章　全域旅游视角下区域体育旅游产业发展体系的构建

全域旅游视角下，我国各个地方和区域迎来了相关的发展机遇，从体育旅游产业发展的角度来讲，也可以将我国相关区域进行划分，从而进行相关的发展规划。本章将重点探讨我国西部地区、环渤海地区和东南沿海地区的体育旅游产业发展，并提出相关的建议和对策。

第一节　我国西部地区体育旅游产业的发展与管理

一、西部体育旅游资源的特点

（一）自然旅游资源丰富

我国西部民族地区具有大量丰富的体育自然旅游资源，且这些体育自然旅游资源带有一定的垄断性，主要体现在西部地区独特的地理环境方面。在大自然的作用下，我国西部地区呈现出千姿百态、雄奇壮丽的自然景观，地貌丰富，有高原、峡谷、盆地等，和我国东部地区的自然景观和自然地貌（平原、丘陵、三角洲）完全不同。在这种天然的地理环境中，特别适合开发高品质的户外运动与休闲旅游业。

目前，我国西部地区开展较多的户外运动项目主要有攀登、穿越、探险、漂流等，一些户外体育比赛经常在这里举行。例如，利用西部民族地区众多的山地资源开展登山比赛；利用青海湖的自然环境举办自行车比赛；利用丝绸之路古道和大漠戈壁开展各种汽车、摩托车拉力赛；利用高原气候等特征组织各种高原竞赛等。

（二）体育文化旅游资源独特

受历史因素的影响，我国西部一直是少数民族聚居地，在数千年历史变革中，我国西部地区众多少数民族基本上"原汁原味"地保留着各自独特的民族风情和文化习俗，我国西部地区的少数民族在数千年的历史进程中所创造出绚丽多彩的民族文化、悠久的民族史，以及浓郁的民族风情等吸引着越来越多的游客来到这里休闲和消费。西部地区少数民族的民族体育文化活动是西部民族传统习俗和民俗风情的重要组成部分。这些独特的民族风情和优秀的民族文化构成了我国西部地区体育文化旅游资源体系。

一项关于我国西部地区民族传统体育项目的调查显示，我国西部地区现存的民族传统体育项目共有 700 多项，这些民族传统体育项目是我国体育文化和民族文化的重要组成部分，它们与西部少数民族的生活密切相关，是西部少数民族生活的艺术写照和升华。随着我国对体育事业的重视和对优秀民族传统文化的开发，目前，射弩、叼羊、轮子秋、姑娘追、骑毛驴等少数民族传统体育项目，以及蒙古族的那达慕大会、苗族的龙舟节、侗族的赶歌节等民族节庆活动都得到了很好的发展，这些体育项目和体育活动因其独特性和稀有性，吸引了很多游客来旅游。

（三）各种旅游资源互补融合

我国西部地区不同旅游资源的组合优势主要表现在西部地区民族种类最多、民族美学价值丰富、民族习俗和民族风情各有特色，各地的体育风格、自然景物、风土人情等非常丰富，体育旅游资源往往与人文旅游资源、自然旅游资源是紧密联系在一起的。三者之间通常会优化组合为三种旅游形式，即"体育旅游资源＋人文旅游资源""体育旅游资源＋自然旅游资源""体育旅游资源＋人文旅游资源＋自然旅游资源"。例如，贵州的"围棋＋黄果树瀑布"就是"体育旅游资源＋自然旅游资源"组合的代表；再如，苗族的传统节日花山节通常举办各种体育活动，赛马活动是其中重要的体育活动项目之一，这也是"体育旅游资源＋人文旅游资源"的旅游组合形式。

我国西部地区不同旅游资源的互补优势主要表现在西部地区各民族传统体

育盛会兴办的节日时间各不相同。我国西部地区少数民族众多，众多的民族在长期生产生活的历史进程中形成了种类丰富、千姿百态的多民族文化，而民族传统节日是少数民族文化的典型表现，众多的民族传统节日内容丰富多彩，与少数民族的生产、生活相结合，给少数民族的生活增添了健康、风趣和活泼的元素，是我国西部民族民俗事象的重要标记。例如，佤族的传统民间体育活动摔跤、打鸡棕陀螺、射弩是佤族群众重要的健身、娱乐活动，开展十分广泛，每当新米节、春节和撒谷节到来之际都会举办；再如，普米族的传统节日体育活动赛马、斗狗、打靶、摔跤等，一般也都在节假日或喜庆的日子里进行。这些体育活动是少数民族节日活动的重要组成部分，增添节日气氛的同时也得到了不断的传承和发展。

二、西部体育旅游产业发展与管理中存在的问题

（一）管理体制滞后，服务质量较差

首先，西部体育旅游业管理体制落后的关键在于观念的落后。虽然在日常工作中经常强调观念的更新和转变，但还有相当一部分相关部门和人员在观念上存在着对西部体育旅游业发展的误区，他们认为，开发体育旅游业对地方体育管理部门本身没有什么直接的经济利益，即便是发展起来了，获得利益的也是旅游局和旅游企业，对地方经济发展的带动劲头不大。西部各省区对体育旅游业的领导不善、管理缺位、管理体制不健全的现象普遍存在，还有一些不应该成为企业的部门在进行企业化操作，有些单位明明是企业却被赋予一定的政府或行政职能。长期以来，旅游和体育长期都被划分在文教事业中，政府主管部门或领导之间共谋发展的合力较弱，而旅游部门和体育部门由于职权范围限制，难以对发展体育旅游业形成有效的协调配合，也没有足够的管理手段和宏观调控能力，再加上一些地方政府的计划经济痕迹明显，导致当前西部体育旅游业管理乏力、规划不足、监管无力。管理体制的不健全，从根本上影响到体育旅游景区的市场形象和长远发展。

其次，一些地方的旅游业从业人员素质不高，服务意识较差。造成这一现象的主要原因有：第一，传统体制中人们缺少竞争，很多人都过于依赖"大锅饭"体制；第二，西部旅游资源丰富、独特，因此一些人产生了"皇帝的女儿不愁嫁"的心态，不重视服务和宣传；第三，西部体育旅游业中专业旅游指导人才缺少，经营、管理、开发、服务意识不强；第四，西部地区的相关部门

和企业对体育旅游业服务质量缺乏监督和管理，业内人员无自律标准和服务规范；第五，西部地区体育旅行社较少，不能发挥体育旅游的轴心作用；第六，参与体育旅游业各个行业（行、游、住、食、购、娱）的经营者过于重视经济效益，导致产品价格混乱、随意宰客现象时有发生。

最后，西部体育旅游市场经营无序、管理乏力，内部管理机制不合理、不科学，旅游秩序较乱、安全隐患多，部分游客应有的权益得不到切实和充分的保障，旅游质量明显较差。

（二）资源开发不足，没有形成规模效应

目前，我国西部地区的旅游业中，观光型旅游产品多，知识情趣型、健康舒适型、参与娱乐型的旅游产品少，旅游的自主参与性差。例如，青海省的旅游资源开发利用程度低，且多停留在游览观光的低层次上，在旅游新产品开发、环保科研等方面基本未涉及。西部地区对现有旅游产品的开发不足，必然对旅游者缺乏内在的吸引力。就整个西部地区来看，高层次、高文化含量和个性化旅游产品少，体育旅游资源开发浅显、经营粗放、知名度低。西部体育旅游产品品位低、开发深度不够主要体现在以下几个方面。

①体育旅游景点的产品单调，内容单一，不能满足现代旅游中游客的多样化需求。

②相关部门对体育旅游业发展的规划不力，新产品开发缓慢，景点接待能力和条件差。

③体育旅游景区缺乏必要的调控手段，不少景区经营状态散乱，盲目上马项目过多且质量不高，严重破坏了景区所应有的形象。

④一些体育旅游产品的市场定位泛化，没有明确的目标消费群体，没有市场和产品的细分化，体育旅游产品的专业化程度、个性化程度、市场竞争力等普遍不高。

⑤资源和产品不匹配，缺乏品牌意识，很多体育旅游资源叫得响，但却没有拿得出手的品牌产品。

⑥产品结构趋同化严重，投入产出效益差。一些地区在体育旅游资源的开发上急功近利，低水平重复建设现象严重，不仅拉低了产品的市场定位、缺乏竞争力，还对资源造成了破坏。

（三）基础设施落后，营销宣传不足

一方面，我国西部多属内陆省区，远离海外，交通不便、景区可进入性较差、通信条件落后、交通网络不健全，不能适应现代旅游中游客"快入、慢游、安全、舒适"的需要，这些都是西部地区旅游业发展的"瓶颈"。

另一方面，我国西部地区对体育旅游的宣传营销不够。其主要体现在以下几点：第一，宣传品种不多，宣传内容单一，宣传形式陈旧；第二，促销渠道不多，促销手段缺乏，促销力度不大；第三，宣传促销工作时断时续，缺乏经常性、长期性。

（四）缺乏对自然和生态环境的保护

西部地区对自然和生态环境的保护不够，主要体现在以下四个方面。

1. 生活垃圾污染

生活垃圾造成的污染问题是十分严重的。长期以来，由于对景区的生活垃圾处理不好，一些旅客不注重卫生习惯，很多旅游景区卫生状况不佳。

2. 旅游资源退化

由于景区缺乏管理，政府部门的监督力度不够，一些知名度较高的景区保护不力，很多旅游产品随着生态环境的恶化，退化、老化相当快，如湖面面积减小、水流量减少、水体严重污染等，造成了旅游价值严重下降。

3. 技术手段不足

一些景区在开发某些体育旅游产品时，由于环保技术不过关或者保护措施不过关，往往会给旅游资源的继续深度发展带来不利影响。

4. 破坏性建设多

由于对旅游业发展的可持续性认识不足，有些景区只讲开发不讲环保，只追求短期利益，为了开发某一个项目而人为地改变环境致使山体原有植被遭到破坏和河流改道的现象时有发生，破坏性建设屡禁不止，一方面，这是因为相关部门在环境保护方面缺少必要的条文规定，即使有规章但操作性也不强。另一方面，体育旅游业开发缺少规划，没有进行系统的调研就盲目上马。另外，景点管理简单，项目开发和经营承包给个人后放任自流，项目开发缺乏后劲也是破坏建设、损害环境现象发生的重要原因。

在体育旅游业发展过程中，缺乏对自然和生态环境的保护，就必然会影响

体育旅游业的可持续发展。应该认识到，在体育旅游业开发过程中保护是前提，是基础，但保护是第一不是唯一，也要防止只强调保护，不考虑发展的倾向。应该在强调和注重环保的基础上考虑资源的充分利用，注意市场的容量，打造精品和高质量的产品与服务，尽可能地满足消费者对体育旅游的需求，这才有可能促进旅游景区的可持续发展。

总之，我国西部的体育旅游业发展中存在着很多问题，经济落后，基础设施差；开发粗放，重复性建设多；远离客源，总体知名度低；生态脆弱，季节性差异大。要扭转这一局面，使西部体育旅游业腾飞，就必须实事求是地分析西部发展旅游业的基本条件，转变观念、树立市场意识、培养专业旅游指导员、加强景区的管理等，在充分发掘西部体育旅游业的优势和潜力的同时，发现机遇，找出问题，科学规划，制定出整体的发展战略和政策，争取在发展西部体育旅游业的过程中少走弯路，促进西部体育旅游业的可持续发展。

三、西部体育旅游产业发展与管理的对策

（一）转变思想观念，提高相关认识

转变思想观念、提高认识的根本目的是确立体育旅游业的产业地位。我国西部地区的旅游业已经引起了社会各界的关注，是政府重点发展和扶持的特色产业项目之一。

一方面，由于西部地区长期以来，体育产业发展滞后，许多决策者对民族传统体育旅游缺乏认识，还停留在"体育只是一项民间娱乐活动"的认识水平上，没有充分认识到体育旅游的经济价值和文化价值，没有把体育旅游理解为可以创造巨大社会经济效益的产业。

另一方面，体育旅游业虽然是一项具有重大发展潜力的旅游产业，但是很少被国内专家学者所关注，专家学者对这方面的探索和论述很少。西部体育旅游资源的开发和旅游业的发展缺少必要的理论和实践指导。

因此，西部地区的各级政府部门必须转变观念，充分认识发展体育旅游产业的有利条件和优势，把西部体育旅游产业的发展与生态、文化、经济、社会等的可持续发展结合起来。

（二）加大普查力度，保护相关资源

西部地区自然生态景观壮丽、民族文化多彩、民俗风情浓郁。全面普查原

生态民族体育文化旅游资源、原始体育旅游自然资源，更深层次地认识和理解西部体育旅游资源优势，对保护、抢救、开发西部地区体育旅游资源，发展西部体育旅游业具有重要的意义。《中国旅游资源普查规划》要求西部地区相关部门应集中人力、物力、财力全面搜集、摄录、整理体育旅游资源，准确、完整地反映体育旅游资源原貌，编制体育旅游资源调查评价报告、编制体育旅游资源名目，充分认识体育旅游资源的比较优势、潜在优势、后续优势、重组优势的同时，把保护作为开发的前提和基础，制定保护政策、法规，强化保护措施，科学开发和保护。

提高保护意识，加大对西部体育旅游资源的保护应该做到以下几个方面。

首先，西部地区体育旅游业的主管部门应该制定体育旅游自然生态环境保护条例，把体育旅游业的开发与当地的生态环境保护有机结合起来，促进人与自然的和谐发展。

其次，西部地区的地方政府应该制定有关民族体育文化的保护条例。通过条例建立体育文化保护区、体育文化基地，保护具有民族特色的体育运动、体育服饰、体育工艺等。

再次，西部地区教育部门应建立健全民族体育文化传承的激励机制，强化当地居民对民族体育文化的开发、整理和保护。完善自上而下的民族体育文化保护教育体系，包括大、中（职）、小学教育网络体系，让民族体育文化走进课堂，使各级学校根据不同的职能担负不同层面的体育文化传承任务。

最后，鼓励民间成立民族体育歌舞表演团（队），宣传展示本地区民族体育歌舞文化，促进民族体育文化与市场的结合，把民族体育文化资源转化为经济优势；鼓励企业主体、市场运作、群众参与，共同举办和参与本民族的传统体育节日，并借此弘扬民族传统体育文化，扩大西部地区民族传统体育文化的影响力、感染力，提高群众对民族传统体育文化活动的参与性，使民族传统体育文化得到普及与传承的同时促进体育旅游业的发展。

（三）发挥自身区域优势，突出特色

从整体来看，西部民族地区体育旅游业的产业规模、经济效益、资源开发利用程度、产业竞争力、产品竞争力等都与东部地区存在着明显差距，导致产生这种差距的主要原因是西部地区体育旅游产品的开发没有充分发挥地方区域优势，没有创新。

实践证明，我国西部地区进行体育旅游产品创新必须进行跨地区的区域性产品创新，走一条适宜技术开发、适宜产品的创新之路。西部民族地区体育旅游资源的特质决定了开发当地体育旅游资源必须在技术进步方面注重适宜技术，使现代技术与体育旅游资源的开发结合起来，充分保障西部地区体育旅游资源的原生性，在某些旅游产品中结合和运用现代科技是非常必要的。例如，采用纯手工制作的民族传统体育运动器材和机器大批量制作的民族传统体育运动器材相比，纯粹手工制作的器材更能获得游客的喜爱；再如，开展登山运动时，可借助现代测量技术选择好适宜的登山路线，以免对自然风景区造成破坏。另外，体育旅游主题公园的建设、体育旅行社信息网络管理等都需要现代科技的大规模投入，才能充分发挥出西部地区体育旅游产品的竞争优势。

总之，应该在保留自然风光景观的体育旅游资源的基础上，充分应用现代科技来增加体育旅游资源竞争力，通过特质资源加适宜技术孵化特制体育旅游产品并形成产品特色，促进西部地区体育旅游的发展。

（四）扩大市场发展空间，推动产业化进程

旅游业是我国的朝阳产业，潜力巨大。体育旅游业的开放性和竞争性与其他行业相比更具优势，拥有更加广阔的市场发展空间。

对于体育旅游业来讲，体育旅游需求的内容、数量、动向、层次等是真正决定市场空间容量的重要因素。从宏观方面来看，我国的体育旅游产业化主要体现出以下几个特点。

首先，我国体育旅游市场的不确定性加大。和传统的产业不同，体育旅游市场并非完全可以把握的，传统的产业中只要企业具有一定的规模就能占领市场。而对于体育旅游产业来讲，供小于求的体育旅游市场是可以把握的，但供大于求的体育旅游市场就很难把握，尤其是现代消费者体育旅游需求的多样化和多变性，使得体育旅游市场的不确定性越来越大。

其次，我国体育旅游竞争难度加大。随着人民生活水平的不断提高，各地区越来越重视旅游业的发展，体育旅游市场上竞争对手越来越多、越来越强，而我国西部地区发展体育旅游就面临着更加严峻的竞争形势，西部地区软硬件条件限制，体育旅游业发展相对滞后，目前仍属于弱质产业，还处于培育阶段，要走产业之路，举步维艰。

最后，我国体育旅游市场体系还不健全。任何一个旅游市场都是有体系的，体育旅游市场也具有自身的体系，例如，一项体育旅游新产品生产出来，如何到达旅游者手里就是一个完整的小体系，体育旅游管理者和经营者必须熟练操作这套体系，才能促进自身的发展。

综上分析，我国西部地区必须重视对体育旅游市场空间的开发，重视挖掘体育旅游产品的内涵深度，提高体育旅游产品对消费群体的吸引力。

西部地区是长江、黄河的发源地，这里有我国闻名的历史文化古迹（秦兵马俑、布达拉宫、敦煌莫高窟、乐山大佛等）；拥有地球上最为壮观奇特的自然结构与地貌（雪域冰川、大漠风光、黄土高原、高原牧场等）地区之一；拥有全国闻名遐迩的自然风景区（青藏高原、长江三峡、黄果树瀑布、青海湖、桂林山水、九寨沟、峨眉山、华山、天山、石林等）；还拥有约 48 个少数民族的民族传统体育运动项目。充分开发和利用这些体育旅游资源，使之形成高品质的体育旅游产品，刺激和引导新的体育旅游需求，以扩大体育旅游市场空间、推动体育旅游产业化进程。

（五）将体育旅游项目与整个旅游业融合起来

强化体育旅游项目与旅游业整体的关联度是促进体育旅游业发展的重要和有效途径之一，具体来说，应该做到以下几点。

首先，将西部体育旅游的项目配置、景区经营置于西部各省（区）市旅游环线及要素的设计当中，纳入西部各民族省（区）旅游规划的整体布局，规范体育旅游项目建设、科学进行体育旅游活动选址、认真分析可行性旅游观光和活动线路、合理发布各景区体育旅游项目配套活动信息，促成西部各省（区）市体育旅游整体发展。

其次，重视西部地区体育旅游景区的综合开发和建设，提高体育旅游资源和产品的开发利用率。对于我国西部地区文化的、宗教的、生态的、科学的、体育的多种资源，应注意各种资源的共生性，重视体育旅游资源的经济效益、社会效益、文化效益和生态效益等的整合发展。同时，建立健全各个景区体育旅游活动的配置建设，充实景区旅游项目的构架和内容，促成景区资源的共享格局，充分发挥不同景区的市场聚合力。

最后，从宏观方面整体调控，避免各自独立发展，建立规范的体育旅游市场统计标准，规划体育旅游专业化配套目标检查，促进西部各省（区）市体育旅游市场目标定位和设计的一致性。

（六）加强基础设施建设，完善配套服务

旅游业更强调的是消费者在旅游活动过程中的身心体验，因此，可以说体育旅游是一项特殊产品，完善体育旅游项目的基础设施建设对于提高消费者对

体育旅游资源的认知度和美誉度是十分重要的。

一方面，可以利用现代化的体育竞赛设施和民族传统体育运动设施，承办各类体育竞赛与文化演出来增加体育旅游的客源，完善餐饮、住宿、交通、购物等各项辅助设施的建设，加强体育旅游的专项基础设施配备。

另一方面，重视体育旅游者的体育需求，体育旅游者在旅游过程中不仅需要愉悦身心，更渴望强身健体并获得强身健体的手段。因此，应重视复合型体育旅游人才队伍的建设和培养，重视对体育旅游者体育健身方式、健身方法以及运动处方的传授。

（七）树立品牌意识，拉动体育旅游产业升级

品牌在本质上代表着卖者向买者提供的产品特征，利益和服务的一贯性承诺，是竞争优势的渊源和富有价值的战略财富。重视品牌的建立对于提高体育旅游产品的知名度具有重要意义。

我国西部地区体育旅游资源丰富，但品牌化程度不高，才刚刚起步或尚处于启蒙阶段。而目前的体育旅游市场也已进入买方市场，消费者的消费意识、品位正逐步建立和提高，因此，必须建立体育旅游品牌意识，提高体育旅游产品的综合效益，拉动体育旅游产业升级。

在传统的体育旅游市场上，由于信息的不对称及信息失误，游客很难或准确地直接了解到有关体育旅游地的各种信息，这一方面不利于游客做出准确的选择，还有一些信息给游客带来了很大的损失，传统的信息传播方式显然已难以满足游客日益多变的复杂的旅游需求，以互联网络为载体的网络营销应运而生，就成为新兴的体育旅游市场营销的重要方式。树品牌与建网络相互结合是西部地区体育旅游产业升级的重要发展对策，具体表现如下。

首先，西部地区把本地区的体育旅游产品特色、文化底蕴、服务优势、企业形象等信息推向网络，有助于体育旅游消费者主动参与营销，能起到扩展更广阔的潜在市场空间的作用。

其次，西部地区通过网络塑造产品品牌和企业品牌。有助于缩短与市场的距离，获得市场的认同，加强西部民族地区体育旅游后发实力。

再次，西部地区借助网络重新定位市场目标，有助于引导市场消费需求，增强竞争力。进入网络时代以后，体育旅游企业面对的是一个更广阔、更具选择性的潜在市场，因此，对市场的重新细分和定位十分重要，西部地区根据不断变化的市场状况积极调整市场定位。

最后，西部地区运用电子商务促进体育旅游产品的推广，可实现营销结算及支付的自动化，提高企业的工作效率、效益和竞争力。

（八）实施本地居民参与机制，加大政府的宏观调控作用

体育旅游的发展会影响经济、社会、文化以及生态等发展，因此，在体育旅游业的发展过程中不仅要考虑经济因素，还要考虑环境影响和人文因素。在制定西部地区体育旅游发展目标时不仅要考虑旅游者的需求和利益，还要考虑本地群众的长远需求和利益，以促进西部地区体育旅游的可持续发展。

首先，体育旅游发展行动方案的执行，需要依靠区域内群众及社会团体的认同支持和参与。如果没有本地居民的广泛参与，体育旅游发展过程中的很多发展目标就很难顺利实现。而单纯地依靠投资者和开发商，他们就会只考虑经济利益，不会将当地群众的利益纳入规划设计中，会在某种程度上对体育旅游资源进行掠夺性开发，不注意开发和保护之间的关系，客观不利于西部地区体育旅游的长远发展。因此，做体育旅游规划时，要请当地居民代表参与发表意见，使他们享有充分的应知权和参与权。

其次，体育旅游的发展不能仅仅依靠市场的调控，还需要政府的相关法律、法规、政策等引导。一方面，体育旅游经营者为了实现经济利益的最大化，会采取各种正当或不正当的手段竞争，而在这一过程中很容易忽略体育旅游环境的污染和生态的破坏而导致的成本负担，只注重短期的可见的经济利益，忽视体育旅游资源可持续发展的长远利益；另一方面，体育旅游者不注重和考虑目的地的自然环境和社会环境的保护规划，也会在一定程度上造成体育旅游环境的污染和生态的破坏。因此，必须发挥政府在体育旅游业的开发中的职能和作用，通过政府的介入，调解体育旅游经营者、游客以及目的地群众三者之间的关系和现有矛盾，实现西部地区社会、经济、生态、文化等的可持续发展。

四、典型地区体育旅游产业的发展与管理

（一）西安体育旅游产业的发展与管理

1.西安体育旅游资源的类型

（1）休闲类体育旅游

西安市地处关中平原，秦岭山脉沿西安境内南部横跨而过，其差异悬殊的海拔高度位居全国城市之首。境内关中平原平坦舒展，秦岭山脉巍峨耸立，灞河、浐河等河流交错，蜿蜒而过，这些地理特征都构成了西安市独有的旅游资源。

丰富的山地旅游资源和水体景观为开展登山、垂钓、郊游活动提供了便捷的去处。此外，西安还建设有一批层次较高的体育游乐场所，如杨凌水上运动中心、中体健身休闲广场、渭水园休闲度假区等，供市民休闲度假。很多西安市民利用闲暇的时间，去参加休闲体育旅游活动，释放自己的压力，提高自己的生活质量。

（2）观赛类体育旅游

随着这几年我国体育产业的快速发展，我国竞技体育赛事也蓬勃发展，不管是职业体育还是民间赛事，都呈现了红火的发展态势。从足球方面来看，西安有着我国的金牌球市，特别是其主场有着"圣朱雀"的美誉，每次这里有中国足球比赛的时候，这里会涌进大量的球迷，这些球迷来自全国各地。

此外，西安的"西安城墙国际马拉松赛"每年会吸引很多人来到西安参赛旅游，已经成为西安一项金牌体育旅游赛事，随着近几年西安围绕"大西安、大体育"的发展理念，未来西安将会有"西安国际马拉松赛""西安女子半程马拉松赛"等，将会极大地促进西安体育旅游赛事的发展。

从职业体育俱乐部来看，西安拥有陕西长安竞技足球俱乐部、陕西信达两支职业体育俱乐部，这两支职业俱乐部每次比赛，总会吸引一些人到现场去观赛，主要来自陕西省内的球迷群体，他们都会选择到现场去支持自己的球队，这也是体育观赛旅游的一部分。

（3）参与性体育旅游

随着人们生活水平的提高，人们对健康的关注度越来越强，健康意识也越来越强，很多人利用闲暇时间走到户外，体验参与性体育旅游，包括漂流、攀岩、滑雪、定向越野等比较惊险、刺激、参与性强的体育旅游活动。西安市拥有富饶的山地旅游资源与丰富的水体景观资源，这些都是体育旅游项目绝佳的场地，完全可以满足人们对定向越野赛、漂流、穿越探险等体育旅游项目的需求。此外，西安拥有白鹿原滑雪场、翠华山滑雪场、太白山滑雪场、竹林畔滑雪场等皆可为西安市民和游客提供滑雪场地，以促使更多的人参与到滑雪运动中来。

2. 西安市体育旅游产业发展的对策

（1）将体育旅游产业融入"大西安"的发展规划中

随着西安市政府提出建设国际化大都市和国家中心城市的目标，应该将体育旅游产业也纳入相应的规划当中，使体育旅游产业成为西安发展的新的经济增长点，促进"大西安"城市建设目标的完成。

（2）引进相关体育旅游人才，培育相关企业

一项产业需要得到发展，必须拥有一定的人才支撑，只有吸引一定的人才，才能诞生出相应的体育旅游企业，从而不断开展相关体育旅游业务，促进西安体育旅游业的发展。

（3）打造地方特色，树立品牌意识

应该积极利用西安独特的体育旅游资源，打造属于西安地方特色的体育旅游项目，并树立品牌意识，加大相关体育旅游项目的宣传力度，吸引更多的人到西安来参加体育旅游活动。

（二）环青海湖体育旅游产业的发展与管理

1. 环青海湖的体育旅游资源

青海省是一个多民族的省份，其旅游资源比较丰富，在环青海湖的周围地带，分布着各类的体育旅游资源，主要包括以下几种。

（1）车类比赛体育旅游资源

青藏公路贯穿南丝绸之路、唐蕃古道，途径青海湖、日月山以及倒淌河等自然名胜，在绝美的沿途风光的映衬之下是举行自行车以及摩托车等车类比赛的首选之地，环青海湖公路自行车赛已成为国际上重要的体育赛事之一，极大地带动了青海当地经济的发展。

（2）狩猎与探险体育旅游资源

柴达木盆地山峦起伏而且草木茂盛，包括雪鸡、石鸡等野生动物栖息于此，这里已经开设了一系列具有地域特色的草原狩猎项目，包括草原狩猎、草原野游等项目。此外，它还拥有种类多样的探险类旅游资源项目，包括峡谷探险、沙漠探险以及冰川探险等。

（3）水上项目体育旅游资源

水上项目体育旅游，可以与环青海湖公路自行车赛进行对接，打造青海湖水路旅游环线，并以中国青海国际强渡黄河极限挑战赛为契机，整合水上漂流、划船、垂钓等资源，促进水上项目体育旅游产业的发展。

2. 环青海湖体育旅游产业发展的战略举措

（1）进一步深挖"环湖赛"的品牌潜力

环青海湖公路自行车赛已经成为青海旅游的一张名片，应该借着这个品牌效应，进一步开发相关的体育旅游赛事，如"中国青海国际强渡黄河极限挑战赛""青海国际攀岩赛"等，通过体育赛事带动青海体育旅游业的发展。

（2）进一步挖掘民族体育特色，促进体育旅游业发展

由于青海是一个少数民族较多的省份，应该尽可能地挖掘这些民族中的传

统体育特色,积极开发相关民族特色的体育项目,如赛马、赛牦牛、射箭、摔跤等,吸引更多的游客到这里观赛、旅游。

（3）加大市场营销和宣传力度,打造体育旅游精品

随着我国人民生活水平的不断提高,越来越多的人选择外出旅游,旅游市场竞争非常激烈,为了能够吸引更多的客源来到青海,必须加大相关市场营销和宣传力度,积极打造体育旅游精品线路,让人产生耳目一新的感觉,促进青海湖周围体育旅游业的发展。

第二节　我国环渤海地区体育旅游产业的发展与管理

一、环渤海地区体育旅游带

（一）环渤海地区体育旅游带规划概述

环渤海体育旅游带,具体是指对环渤海地区具有旅游开发价值的体育资源进行的"构想、提案、实践"这一全过程,其具有连续性、增值性、可变性与战略性特征。它的目标是尽可能合理而有效地分配与利用一切体育旅游资源、接待能力、交通运输能力,社会可能向旅游业提供的人力、物力和财力,以使旅游者完美地实现其旅游目的。合理的体育旅游规划有助于确定旅游业发展类型、数量、地点和时间。同时又能为旅游地带来良好的经济、社会与环境效应。一般来说,体育旅游规划要从系统全局和整体出发,着眼于旅游规划对象的综合整体优化,正确处理旅游系统的复杂结构,从发展和立体的视角来考虑和处理问题,进而扩大开发建设过程的社会、经济与环境效益。我们必须从大局出发、统筹安排,为实现环渤海体育旅游带的构建提供适时可行的理论指导。

在进行体育旅游规划时,必须在遵循相关原则和规律的基础上厘清思路。第一,体育旅游规划编制必须以国家和地区的社会经济发展战略为依据,以体育旅游业发展方针、政策及法规为基础,与城市总体规划、土地利用规划相适应,同时与其他相关规划相协调。第二,旅游规划编制必须坚持以旅游市场为导向,以旅游资源为基础,以旅游产品为主体,以经济、社会和环境效益可持续发展为指导方针。第三,旅游规划编制要突出地方特色,注重区域协调,强

调空间一体化发展，避免近距离不合理重复性建设，加强对旅游资源的保护，减少对旅游资源的浪费。第四，旅游规划编制鼓励采用先进方法、技术和发展创新性的规划思路。第五，旅游规划编制工作所采用的勘察、测量方法与图片、文件、资料应符合相关国家标准和技术规范。第六，旅游规划技术指标应适应旅游业发展的长远需要，具有适度超前性。第七，旅游规划编制人员应具备比较广泛的专业知识，如旅游、经济、资源、环境、城市规划、建筑等方面知识。

（二）环渤海地区体育旅游带规划的原因

1. 经济视角

体育旅游与经济有着密不可分的联系，它是经济的一种载体。对于环渤海地区的经济发展来说，这一地区的体育旅游是重要的组成部分，因而为了促进体育旅游业的发展，对体育旅游规划进行经济角度的分析是有必要的。

从经济角度对环渤海体育旅游带进行规划可以有两个方面的体现。第一，环渤海体育旅游带的规划是区域经济中的一分子，要将其置于整个环渤海地区的经济发展规划之中，处理好体育旅游规划同社会经济其他方面规划的关系，为体育旅游业的发展创造良好的外部条件；第二，把环渤海体育旅游业当作一个独立的经济实体进行规划。体育旅游蕴藏着深厚的经济效益，对旅游部门和从业人员来说，实现经济利益是其最根本的驱动力。因此，通过体育旅游，既满足游客的需求，又实现旅游部门和从业人员的利益，是一种双赢，可以为体育旅游业的发展创造良好的内部发展条件。

2. 文化视角

体育旅游是一种经济现象，也是一种文化现象。环渤海体育旅游带所蕴含的深厚的历史文化内涵，借助于可观、可用的体育旅游资源都可以体现出来。环渤海体育旅游带规划要强调从文化角度对地区体育旅游资源的内涵进行深层次的挖掘，从而使游客在参与体育旅游活动的同时，还可以受到社会文化的熏陶，促进旅游者身体和心理双重健康。

3. 地区影响力视角

一个区域的影响力有经济、政治、文化、环境等多个方面的表现，体育旅游规划可以借助区域的影响力。环渤海地区地理位置优越、交通便利，具有雄厚的工业基础和丰富的自然资源，城市群密集。能源资源方面，石油、煤炭、菱镁矿、硼矿、钼矿等均居全国前列，钢铁、机械、电子仪器和高新技术产业方面在全国具有重要的地位。环渤海地区科技教育优势突出，教育资源丰富、高等教育发达、科技创新能力强，这些是一种至关重要的无形资源，充分利用这种影响力可以更迅速地激活该地区的体育旅游市场，吸引更多的游客，为体育旅游的发展提供一种相对便捷的途径。

（三）环渤海地区体育旅游带规划的编制步骤

关于体育旅游规划，目前国内还没有具体的标准要求，可参考《旅游规划通则》，结合体育旅游资源来进行。具体可分为以下几个阶段。

1. 可行性分析

可行性分析，是指体育旅游规划运作主体正确地评价和理解影响体育旅游规划的因素，即对体育旅游区域是否具有开发的必要性和可行性进行分析，从而做出"继续或者停止"的决定。这是使体育旅游开发规划效果得到保证的重要步骤，同时，它也为体育旅游项目的开发提供理论依据。体育旅游规划的可行性分析应由体育旅游项目投资者以及主管部门聘请专业的研究机构或组织来进行。

2. 确定任务

旅游规划编制的第二个步骤就是任务确定阶段，主要包括以下几个方面。

（1）委托方确定编制单位

一般来说，委托方确定编制单位有三种方式：其一是公开招标，就是指委托方以招标公告的方式邀请不特定的旅游规划设计单位投标；其二是邀请招标，指委托方以投标邀请书的方式邀请特定的旅游规划设计单位投标；其三是直接委托，指委托方直接委托某一特定规划设计单位进行旅游规划的编制工作。

（2）编制体育旅游规划项目计划书并签订旅游规划合同书

体育旅游规划项目计划书是对体育旅游开发规划内容的具体化，是竞标书的重要组成部分，其编写一般是由规划的竞标方负责的。但有时也有可能是根据特殊需要，由招标方负责编写。

体育旅游规划是一种经济行为，因此，在制定规划前委托方要与选定的编制方签订规划合同书。该合同对委托方和编制方都具有法律约束力，其内容主要包括：①规划编制的内容和要求；②中期评估时间、地点和方式；③规划成果及其提交时间、地点；④评审时间、地点及方式；⑤规划经费及其支付方式；⑥编制工作的启动；⑦违约金或者损失赔偿额的计算方法；⑧规划编制过程的要求；⑨规划成果的提供和分享；⑩争议的解决。签订规划计划书与合同书之后，就进入了体育旅游规划的编制阶段。

3. 编制规划

体育旅游的规划编制阶段是核心阶段，也是最见成效的阶段。在这一阶段中，具体的目标要得以确立，通过可操作方案的提出使编制成果得到展现。

在规划编制阶段，一些基础性的调查研究工作仍然需要进行。这项工作主要是：第一，政策法规研究。对国家和本地区旅游及相关政策、法规进行系统研究，全面评估规划所需要的社会、经济、文化、环境及政府行为等方面的影响。第二，对体育旅游资源进行调查。这项工作主要是对规划区内旅游资源的类别、人文、开发进行全面调查，编制规划区内旅游资源分类明细表，绘制旅游资源分析图，具备条件时可根据需要建立旅游资源数据库，确定其旅游容量。第三，对旅游客源市场进行分析。这项工作主要是在对规划区的旅游者数量和结构、地理和季节性分布、旅游方式、旅游目的、旅游偏好、停留时间、消费水平进行全面调查分析的基础上，研究并提出规划区旅游客源市场未来的总量、结构和水平。第四，对旅游业发展进行竞争性分析。这项工作主要是对规划区旅游业发展进行竞争性分析，确立规划区在交通可进入性、基础设施、景点现状、服务设施、广告宣传等方面的区域比较优势，综合分析和评价各种制约因素及机遇。

在完成以上的准备工作后，体育旅游规划的编制正式开始。在撰写规划初稿的过程中，规划编制的双方应组织专家对规划初稿进行中期评价。在规划中期评价的基础上，完成体育旅游规划终稿。

4. 征求意见

在这一阶段中，原则上应针对规划草案广泛征求各方意见，并以此为基础，修改、充实和完善规划草案。

二、环渤海地区体育旅游产业的开发

以旅游发展的内在规律为依据，以旅游者的需求为导向，对体育资源或是体育活动进行改造，将其改造为适合旅游者健身、娱乐、休闲、交际的旅游产品，从而形成具有良好的经济、社会和环境效益的旅游过程就是体育旅游的开发。体育旅游开发的实质，是以体育旅游资源为材料，通过一定形式的加工，达到满足旅游者的各种需求，实现资源经济、社会和生态价值的目的。

（一）环渤海地区体育旅游产业开发应遵循的原则

环渤海体育旅游带地域广阔，山、水、草、林等体育资源十分丰富，同时又有举办大型体育赛事的经验和场所，要遵守下面的原则，才能使旅游开发取得较好的经济效益。

1. 独特性原则

旅游资源之所以能够吸引旅游者去旅游，其根本原因就是旅游资源的稀缺性和独特性。应结合环渤海体育旅游带的资源优势，将各项体育旅游资源有机结合起来，对当地有特色的体育旅游资源（如冰雪、草原、海滨、传统体育资源等）进行有重点地开发，逐步开展登山、探险等有别于其他地区的体育旅游活动，从而具备一定的市场竞争力，使体育旅游资源优势转换为潜在的经济优势，促进环渤海体育旅游带经济的快速发展。

2. 市场细分原则

为了与不同的体育旅游消费群体相适应，对体育旅游资源的开发要做到多层次，即要针对不同年龄、不同性别、不同文化程度、不同职业等的旅游者进行开发。

3. 可持续性原则

体育旅游是以体育活动为内容的旅游，但不仅仅限于此，它与自然资源、人文资源有着密切的联系，其开发要保持与人文资源、生态环境的和谐统一，形成动态的良性循环。因此，要注意对体育旅游资源进行合理的可持续性的开发，不能出现以牺牲自然环境、社会效益来发展经济的现象。

4. 供求平衡原则

由于体育旅游和国民经济收入水平、需求结构及消费结构密切相关，体育旅游开发要以旅游市场的需求量为依据，以市场为导向，切忌一哄而上，盲目跟从。

5. "大旅游观"原则

现代国际旅游发展的一个重要原则就是大旅游观，由于体育旅游是旅游的一个分支，因此，大旅游观同样适用于体育旅游开发。现代体育旅游已不单是传统意义上的旅行、游玩、观看比赛这么简单，食、住、行、游、购、娱以及通信、交通等各个方面都是它所涉及的。因此，在开发环渤海体育旅游带时，我们应从高起点和大视角进行考察和规划。

（二）环渤海地区体育旅游产业的开发步骤

1. 调查体育旅游资源

体育旅游产业的开发是以调查工作为基础的。要调查了解环渤海体育旅游带的资源类型、数量、规模、布局情况和开发利用现状，交通、水、电等基础设施现状，以及与旅游相关的配套服务设施情况（如住宿、通信、娱乐、购物等）。通过调查，对环渤海体育旅游带的体育旅游资源进行 SWOT 分析。

2. 评估体育旅游资源

通过调查，可以得到一定的资料信息，以此为根据分析和评估环渤海的体育旅游资源是否有开发价值。

3. 制定体育旅游规划

根据体育旅游市场的发展动态和环渤海体育旅游带的基本条件，对该地区旅游开发的总体规划进行确定。在总体规划的指导下编制详细的规划。通过合理科学的规划，环渤海体育旅游带不仅能带来经济上的发展，同时，对该地区的环境和文化建设都起到积极的推动作用。

4. 实施计划的制订

在完成以上的三个步骤之后，第四个步骤就是要有针对性地做出实施计划，包括确定开发的目标、资金来源和财务状况、项目招标、反馈和评价等一系列的工作。

体育旅游规划与开发是两个不同的概念，规划是以优化总体布局、完善功能机构以及推进旅游系统与社会和谐发展为目的的；开发则是以利益的获取为导向的，它是一个不断延续的过程。

三、环渤海地区体育旅游产业的可持续发展

（一）体育旅游可持续发展的含义

体育旅游可持续发展是一种发展思想和发展道路，体育旅游的发展要与自然、文化和人类生存环境的协调统一，既能满足当代人的需求，又不对后代满足其自身需求的能力构成危害，其基础为资源和生态环境承受能力，标准为与

当地经济、文化发展状况和社会道德规范相符合。具体来说，体育旅游可持续发展有三个方面的含义。

第一，体育旅游可持续发展的前提必须是保护旅游资源和生态环境。体育旅游资源和生态环境的保护是体育旅游赖以发展的基础，需要政府部门、管理部门、当地居民和旅游者的共同参与。对于体育旅游参与者来说，总希望自己选择的旅游目的地环境优美、文化特色浓郁，有原始自然的感觉。对于体育旅游目的地来说，为了能在旅游市场激烈的竞争中求得生存和发展，为了改善和提高居民的生活质量，为了促进经济的繁荣和社会的文明，也越来越注重自然环境的开发和有效利用、人文资源的继承和发扬以及自然和社会环境的保护和净化。而体育旅游的可持续发展，就要求旅游与自然、文化和人类生存环境成为一个整体；要求旅游者不断提高自身的环保意识，与体育旅游资源的管理者共同保护体育旅游资源和自然、人文环境不受污染。两者之间的相互促进作用，正是推动体育旅游资源向前发展的主要动力。

第二，体育旅游可持续发展要同当地的经济、社会、文化发展相协调。经济可持续发展是体育旅游可持续发展的前提。离开经济可持续发展，体育旅游可持续发展就会成为无源之水、无本之木。发展体育旅游必须以当地经济发展所提供的各种机遇作为发展的基础。无论是客源地还是旅游目的地，体育旅游的发展都应与当地的经济有机地结合起来，使其对当地的经济和社会发展起促进作用。随着社会不断向前发展，体育旅游将成为人们的普遍生活需求，人们对体育旅游的期望将越来越高，社会对旅游者提供的体育旅游产品的质量也会越来越高，体育旅游资源的文化含量和环境质量的提高也将越来越受到重视，这就形成了体育旅游活动中人与自然、人与社会的良性互动发展。而体育旅游发展不仅有助于提高人民的生活水平，更有助于加强社会文化建设，两者相互促进，共同发展。

第三，体育旅游可持续发展不仅要满足当代人的物质文化生活需要，而且要为子孙后代着想。发展体育旅游必须建立在资源和生态环境的承受能力之上，要将当前的需要和利益同长远的需要和利益结合起来。在对体育旅游资源开发、利用的同时，不能破坏资源和生态环境平衡，而应使其同步发展。体育旅游资源的合理规划、开发和管理对于提高体育资源的品位、环境质量的改善都有着重要的作用。在发展体育旅游的同时，我们应当遵循循序渐进的原则，切忌为了满足眼前的需要和利益，在体育旅游开发问题上无节制地消耗资源、破坏环境，严重损害自然资源，必然会对我们子孙后代的生活质量和对资源的享用产生影响。

（二）体育旅游可持续发展的目标

使体育旅游的发展规模和发展速度与经济、社会、文化等领域的发展相协调；使体育旅游的发展实现经济效益、社会效益和环境效益的统一；使体育旅游的发展既要满足当代人的需要，又不能危及子孙后代的需要；这是体育旅游可持续发展的目标。

体育旅游可持续发展不仅是体育旅游资源和生态环境保护问题，也是人类总体社会生活和长远发展的现实问题。发展体育旅游要立足长远，将近期利益与长期利益结合起来，使体育旅游资源和自然生态环境不仅满足当代人的物质文化生活需求，而且要为子孙后代造福。对于体育旅游环境和文化易受破坏、经济结构单一的地区，我们应在资金和技术方面给予支持，优先考虑，以实现该地区体育旅游的持续发展。体育旅游可持续涉及自然、社会、经济和技术等多方面因素，同各级政府、旅游企业、游客、居民和体育旅游从业人员息息相关。

四、环渤海地区体育旅游产业的管理

（一）合理进行规划，综合协调发展

在发展环渤海体育旅游、开发利用环渤海体育旅游资源的过程中，我们应对山东省的人口、社会、经济、技术、环境和资源的现状及发展趋势进行统筹考虑，对资源、自然生态环境和社会环境对体育旅游发展的承受能力进行充分考虑，防止因短期利益而盲目、过度开发对资源造成的破坏和对环境的污染。在环渤海体育旅游资源开发、设施建设、自然生态环境保护和社会环境维护的决策中，应充分调动各级政府、相关政府部门、社会各界和当地居民的积极性，通过正常的参与渠道，妥善处理体育旅游业与山东省经济、社会、文化总体的关系，近期与长远的关系，保护与开发利用的关系，旅游者与居民、投资者、经营者利益的关系。通过科学论证，促进环渤海体育旅游带的人工设施与自然社会环境，区内环境与周边环境的和谐统一，采取法律、经济和行政等手段，消除自然、人为因素对旅游资源造成的破坏和环境污染，以确保旅游资源的可持续利用以及体育旅游与环境之间的协调发展。应将制定环渤海体育旅游带可持续发展规划纳入山东省经济社会总体发展规划之中，对其进行合理规划、综合决策，使其与经济、社会、环境等协调发展。

（二）开发与保护并重，优化利用相关资源

在对环渤海体育旅游带的开发过程中，我们应根据环渤海体育旅游资源的自身特色和山东省的自然与社会环境，选择合理的开发模式。对那些不能再生的体育旅游资源和有限的体育旅游资源实行有效的控制利用；对可再生的体育旅游资源和无限的体育旅游资源实行充分的利用；对生态脆弱区、环境敏感区和珍稀自然景观、人文景观进行有效的保护，加强污染的防治和保护设施的建设，必要时我们可实行封闭式保护管理，使一些千年古迹、古建筑能够保存完整。通过对环渤海体育旅游带的合理开发、优化利用，该区域的体育旅游资源实现良性运行。

（三）通过法律和经济手段，公平分配旅游收益

要使环渤海体育旅游带可持续发展，首先要建立法规制度，使山东省居民参与建设体育旅游资源的热情和珍惜保护旅游资源、自然及社会环境的积极性得到充分调动，使其为当地旅游资源的开发、设施建设、经营管理和服务提供必要的帮助。其次要充分利用市场机制，在不影响旅游地资源和环境保护的前提下，面向市场招徕和吸引游客，以增加旅游收益，为实施保护积累资金。各地市应保证在旅游资源开发过程中有一定比例的旅游收入不断用于自然环境的保护和社会环境的维护。对自然生态保护区应划分出实验区进行适度的开放，实现保护与开发的协调发展、良性运行。要努力实现旅游收益的公平分配，必要时可以采用法制和经济手段协调各方面的利益关系，调动各方面参与建设的积极性。

五、典型地区体育旅游产业发展战略与规划

（一）青岛市体育旅游产业发展战略

1. 产业定位

定位困难是制约体育旅游产业发展的前提因素，而目前体育旅游产业的定位困境主要来源于产业自身。体育旅游产业是体育产业和旅游产业以及其他产业融合而成的新型产业，相对于体育产业和旅游产业还略显薄弱，作为新兴产业，目前国内体育旅游还未形成具有规模的、持久性的经济效应，造成这种现象的一个重要原因其实是由于产业化分的不明确。体育旅游产业应该是独立的

产业，其核心产品在形式上属于体育和旅游两者结合的产物，而在本质上是旅游者在旅游过程中，以参观或参与的形式，以追求自然人角色的自身和谐为最高目标，以体育和旅游行为为活动方式的休闲体验式社会现象。体育旅游作为一个新兴的产业，具有很大的发展潜力，面对潜在的巨大市场，作为政府或者体育旅游经营者应尽快树立新兴产业观，将体育和旅游糅合到一起，加强两大产业的交流与合作。同时，政府应明确体育旅游产业的地位，制定适合青岛体育旅游产业发展的政策和法规。

青岛市季节性明显，所以应该注重发挥城市的经济文化优势，突破季节性，设计全年性体育旅游产品，形成多层次的旅游产品结构。以欧美客源为主要国际市场，重点突出青岛"帆船之都"的地位，推出高档体育旅游产品；在国内发挥海滨城市优势，打造享誉全国的海上旅游品牌，争取能形成国内出名的休闲旅游度假城市；省内致力于成为体育旅游产业发展的龙头，带动半岛旅游经济的发展。

2. 产品开发思路

新的假期制度赋予了人们更多的空暇时间，体育旅游的出现是为了适应人们日益增长的休闲体验的要求，人们在旅游过程中需要的是体育健身、赛事欣赏、体育文化交流以及休闲娱乐等服务产品，经营者提供的旅游产品是否能满足旅游者的要求是一个关系到能否吸引游客前往的关键，产品质量决定了体育旅游产业发展的前景，因此，体育旅游产品的开发必须要求体育旅游经营者强化精品意识和品牌意识，开发特色体育旅游产品，以达到"满足游客需要"的要求。体育旅游产业是由体育、旅游等众多部门复合而成的综合产业，由于体育旅游者存在不同的旅游目的和需求，因此也决定了体育旅游产品的组合性。从目前看，体育旅游者的需求主要受到国籍、年龄、性别、职业、文化程度、社会地位以及个人阅历等因素的影响，男性比女性旅游者更喜欢参与性强的旅游产品，而女性更喜欢观赏性和娱乐性强的旅游产品；年轻人多选择一些具有刺激性的体育旅游项目；老年人更多的感受体育文化的氛围，观赏风景等。外国人更关注具有中国元素的文化产品，比如民俗游等。因此在设计旅游产品时应该根据不同群体的需求，将体育旅游产品的分类、功能等细化，针对已有的成功案例，如"泰山国际登山节"集登山和观光融于一体，目前已经成为国际体育旅游产业的知名品牌，每年都会有众多的国内外游客去旅游观光，为提高泰山和泰安的知名度、宣传泰安的体育旅游、促进地方经济的发展起到了推动作用。

基于体育旅游的体验性特征，体育旅游产品设计应顺应体验经济趋势，必须以"游客的需求"为指向，突出地方旅游资源的特点，创造能满足游客获得"体验感"的体验型产品。体育旅游产品的设计应遵行一定的原则，具体如下。

（1）把握产品的经济属性

①体育旅游产品的设计应具有创新性。产品的设计应结合青岛当地的资源特点，顺应体验经济发展的潮流，必须体现时代气息和特征。

②体育旅游产品的设计要依据市场为导向。产品应适应旅游者的需求，并符合市场经济规律。

③体育旅游产品的设计应体现时代特征，体育旅游产品的范畴比较广泛，产品设计应尽可能地突出"技术含量"，体现出产品的高科技性。

（2）突出体育旅游产品的体验属性

①产品设计要考虑游客的参与度。获得良好的体验感觉是游客旅游的根本目的，游客参与体育旅游包括精神参与和身体参与，产品设计要充分考虑各类游客的参与能力，在设计产品的时候注重旅游的体验属性。

②产品设计要体现出差异性。差异性体现在两方面：一是产品设计时要充分考虑旅游者的个性，不同的游客需要不同的旅游感受，所以体育旅游产品的设计要考虑全面，能适应不同游客的需要；二是避免雷同，很多地方具有相同的体育旅游资源，产品开发时要体现出特点，使游客体验到与众不同的新鲜感。

③产品设计要考虑挑战性。富有挑战性的产品更能使游客留下难忘的体验经历，能促使游客形成重复消费，但是在设计挑战性较强的产品时一定要注意考虑游客的安全保障问题。

3. 功能转变思路

深化青岛市体育旅游产业的管理体制改革，转变政府职能，政府在坚持宏观调控的前提下，放手让经营者大胆经营；政府要提供良好的体育旅游产业发展环境，把体育旅游产业纳入政府的规划中，为投资者提供良好的经营环境，进一步修订和完善有利于青岛市体育旅游产业发展的战略规划，出台相关政策，确定重点发展项目以及区域，发挥政府对企业经营活动的政策指导作用，政府在制定政策时要充分考虑市场的导向性，减少行政干预；利用好国有资产，使资源配置达到最优化；鼓励资源流向能够产生更多效率和更大投资效益的环节。

4. 客源市场开拓思路

（1）境内客源开拓思路

以国内大中型城市为重点，主推海上项目的体育旅游产品；加大半岛城市群合作，与烟台、威海、日照等海滨城市密切合作，推动黄金海岸线体育旅游的联合营销，与济南、泰山、曲阜协调互补，联合开发省内体育旅游营销；积极参与环渤海区域体育旅游合作，共享京津冀市场、辽东市场；与中西部旅游城市合作，吸引中西部游客到青岛度假旅游。

（2）境外客源开拓思路

巩固日韩等原有重点市场的同时，加强与周边国家城市的交流，深耕客源市场，同时政府要充分考虑东南亚、俄罗斯、欧美等客源市场的培育，鼓励开通这些境外国家的国际航线；政府主导，强化城市形象和体育旅游品牌宣传，建立全方位、多层次、灵活多样的营销机制，利用多种营销平台和营销网络，建立多元化的国际市场结构；进行旅游、招商引资和城市形象"三位一体"的全方位、多层次、针对性强的城市营销。

5. 宣传促销思路

经营者必须紧跟时代步伐，随消费者的需求去制定自己的营销策略，充分利用现代通信技术和电子商务手段加大青岛市体育旅游产业融合后产品"体验"特性的宣传力度；加大媒体对青岛市创新性体育旅游产品的宣传，使其获得市场认同；利用好大型体育赛事的赛后旅游效应，积极开展海外宣传促销活动，在世界范围内提高青岛度假旅游的知名度和竞争力。

（二）青岛市体育旅游产业发展规划

1. 青岛市体育旅游产业规划原则

以世界眼光规划青岛体育旅游产业的未来，以国际标准提升青岛体育旅游业素质，以本土优势彰显青岛旅游特色。发挥青岛旅游资源优势和区位优势，保护旅游资源、挖掘文化旅游潜力、完善体育旅游设施、营造旅游环境，进一步提升体育旅游业发展质量。围绕建设体育旅游强市的要求，突出体育旅游的战略性产业地位，城乡统筹发展、产业融合发展。遵循"科学、创新与可持续发展"的原则，正确处理近期开发与远期发展的关系，坚持社会效益、经济效益、环境效益的和谐统一。

2.青岛市体育旅游产业发展目标

重点解决制约体育旅游产业发展的瓶颈问题，全面推进青岛市体育旅游方式由观光型体育旅游向度假型体育旅游转变，全力打造国际一流水准的旅游环境和旅游设施，实现由游客数量决定的经济增长方式到综合效益增长的转变，力争将青岛市体育旅游产业培育成青岛市的支柱产业，建设国际海滨旅游度假中心和国际海上体育运动中心，将青岛建设成为体育旅游形象鲜明、特色突出、设施完善的名牌旅游区，打造中国最佳体育旅游目的地城市。

3.青岛市体育旅游产业具体发展规划

（1）培育知名赛事和开发名牌旅游产品

大型体育赛事与地方旅游是相辅相成的关系，体育赛事与旅游的结合，融合成了新型的赛事旅游活动，赛事旅游亦属体育旅游范畴。有学者将体育赛事旅游归纳为：以体育赛事和举办地的自然景观、人文环境以及风土人情为条件，以旅游为形式，达到健身、观赏、休闲、教育和娱乐目的的一种活动。近年来很多城市正是利用大型赛事的举办，成功地推出了符合当地特色的体育旅游项目，达到了显示地方风采和发展经济的作用。体育赛事旅游的出现，一方面满足了人们参加或观看体育竞赛的需求，另一方面使人们达到了休养生息、弥补消耗的目的。

青岛市应以大型体育赛事为依托，带动游客购买海上运动产品以及发展观赏性体育旅游。青岛作为海滨城市，有众多的海湾，并且水域开阔、水质良好，并且已经通过国家体育总局的考察论证，具备建设承办大型海上运动项目比赛和训练基地的条件。可以按照建设国际海上体育运动中心和加快体育旅游产业发展的要求，围绕打造"帆船之都"的主题，突出发挥奥帆中心的作用，大力培育"青岛国际帆船周"等体育旅游知名品牌；积极引进和承办国际高水平海上运动赛事，促进体育旅游高水平发展；积极发展温泉、保健、潜水、疗养、沙滩运动、登山、高尔夫、健步行等特色健身旅游项目，形成品牌和常态化的大众运动健身旅游系列产品。

（2）加大海上运动休闲基地与配套设施的建设

青岛应充分发挥海上资源优势，明确以海洋为特色的海上休闲旅游定位。目前青岛已经开展帆船、帆板、水上自行车和游泳等水上运动项目，这些项目具有很强的趣味性和参与性，吸引了大量游客参与其中，但这些项目有其局限性，参与者大都是一些年轻的游客，因此，为了吸引更多的游客，还应继续围绕"水"做足文章，比如建设以旅游度假、沙滩运动、观赏海景、现代娱乐、游泳、康复、会议接待等相融合的多功能的海滨运动旅游度假区。在配套设施的建设上要跟紧，餐饮、娱乐、住宿等周边设施要配套齐全，另外，交通条件也是阻碍体育旅游发展的重要原因，为体现特色，可发展水上交通体系，这样既可体现海滨城市特色，满足游客的新鲜感，又可疏解陆地交通的拥堵。海上交通可考虑发展以海上巴士、游艇为主的交通体系，在海岸线各景点设置海上巴士站点，将青岛市旅游景点尽可能地串联起来，让游客在旅游路线上既能观看海景，又能参观景点。

除现有的水上运动项目外还要进一步考虑沙滩运动等，使其能满足老年人、儿童等个别群体的需要。另外，要发展游艇运动等新型的高端海上运动项目，使海上运动项目进一步升级，提升旅游品质，进而带动体验性旅游。

（3）以旅游集群形式优化空间布局

青岛市旅游资源丰富，为了能够更充分地发挥资源优势，从产业融合的角度考虑，青岛体育旅游产业可以考虑通过优化旅游空间布局，划分旅游集群，从而达到促进集群共同发展的目的。对青岛市旅游空间的设计应根据地域相近、功能配套与产品组合的原则，适当打破行政区划限制。设想空间布局主要以集群形式划分，划分集群如下：主城旅游集群、崂山旅游集群、即墨旅游集群、胶州湾西岸旅游集群、黄岛新区旅游集群、胶州湾北部旅游集群、胶州旅游集群、平度旅游集群和莱西旅游集群共九大集群。

①主城旅游集群。其包括市南区、市北区、李沧区和石老人旅游度假区，是青岛旅游的核心区和客流集散中心。重点发展区域为海滨风景旅游区、欧陆建筑风情旅游区、商业服务业聚集区、小港湾旅游休闲区、青岛啤酒文化休闲商务区、老港区旅游聚集区、百果山生态旅游区、李沧区滨海城区、火车北站周边区域、四方滨海新区、民俗及工业旅游区和石老人旅游度假区。

②崂山旅游集群。它是以崂山风景名胜区为核心，集旅游观光、滨海度假、生态休闲、海上观光为一体的综合旅游集群。重点规划发展崂山风景名胜区、沙子口滨海旅游区、北宅生态旅游区、王哥庄休闲旅游区、仰口旅游度假区。

③即墨旅游集群。它是以即墨市内的海岸地带和城区附近的旅游聚集区为主，集海水温泉、历史文化、乡村民俗、商贸和工业旅游、会展节庆、休闲度假、康体保健等为一体的综合旅游集群。重点发展区域为温泉旅游度假区、鳌山教育科研旅游区、丰城和金口滨海旅游区、田横岛旅游度假区、即墨古邑及商贸旅游区、大小管岛岛群旅游区、大沽河生态旅游区。

④胶州湾西岸旅游集群。其包括黄岛城区、小珠山、凤凰岛旅游度假区及其附近海域的竹岔岛岛链，是青岛西海岸旅游核心区，以度假资源为核心，构

建集工业旅游、海滨度假、海岛观光、山林旅游、历史文化、生态休闲、宗教文化等为一体的综合旅游集群。重点发展区域为凤凰岛旅游度假区、港口及工业旅游区、竹岔岛旅游区和小珠山生态山林旅游区。

⑤黄岛新区旅游集群。它是以原胶南海岸带、大珠山、小珠山为主，集海岛生态、海滨度假、文化体验、山林休闲度假为一体的综合旅游集群。重点发展区域为灵山湾旅游度假区、大珠山风景区、琅琊台旅游度假区、琅琊台风景名胜区、小珠山旅游区、灵山岛海岛生态旅游区、藏马山旅游区和铁橛山旅游区。

⑥胶州湾北部旅游集群。该集群包括城阳区和高新技术产业区，是以生态新城区、生态湿地、海洋旅游、海滨度假、山林休闲健体为重点的综合旅游集群。按功能和地域特点分为三大旅游功能区，崂山西麓发展集自然风景游览、农业观光、山林健体、山乡民俗体验等休闲娱乐活动为一体的自然生态休闲旅游区；墨水河以东城区发展集购物、餐饮、游乐、文化、景观、停车、住宿、换乘集散和休闲旅游功能等为一体的综合旅游区；墨水河以西区域构建以生态观光和休闲度假为主要功能的旅游区。重点发展区域为高新区生态城市旅游区、红岛休闲旅游区、大沽河生态旅游区、城阳休闲旅游区及崂山西麓旅游区。

⑦胶州旅游集群。它是集民俗风情、历史文化、地质观光、滨海休闲、生态湿地为一体的综合旅游集群。重点发展区域为大沽河生态旅游区、胶州少海新城旅游区、艾山地质文化旅游区、三里河文化旅游区和胶河（澄月湖）乡村休闲旅游区。

⑧平度旅游集群。其突出平度历史文化、山地自然风光、生态农业、红色文化、宗教文化等特色，构建集山地观光、历史文化体验、乡村休闲为一体的旅游集群。重点建设大泽山生态文化旅游区、大泽山葡萄之乡游览区、天柱山—御驾山文化旅游区、茶山风景区、云山仙山文化休闲旅游区、豹竹涧风景区、桃花涧风景区、老龙湾风景区、紫荆山风景区、即墨故城——胶东王陵游览区、生态农业旅游区、马家沟芹菜示范园、蓝树谷旅游休闲区。

⑨莱西旅游集群。突出发挥水资源优势，整合开发"三湖（莱西湖、月湖、江山湖）、两河（大沽河、洙河）、一山（大青山）"旅游资源，构建以水域观光、生态湿地、乡村休闲、历史文化为重点的旅游集群。重点发展区域为莱西湖生态旅游区、江山湖湿地生态旅游区、大青山风景区、月湖与洙河景观带和大沽河风光带。

（4）实现体育旅游产业横向融合

随着国内很多城市越来越意识到体育旅游产业开发的重要性，在各地开展体育旅游的大环境下，青岛市体育旅游产业发展压力也日益增大。基于旅游产业的综合性，青岛市体育旅游产业应加强横向发展，加快各类型旅游之间的融合，从而实现资源共享，共同发展。

目前青岛体育旅游经营者广开思路，发展了工业旅游、乡村旅游、会展旅游、生态观光旅游等多种形式的旅游业，多种旅游产业之间并非完全处于竞争状态，如若各旅游产业之间协调得当，产生好的融合效应，必然会形成优势互补，从而带动其他旅游产业的发展。同时，多种旅游产业的协调发展有利于使游客由观光旅游向度假观光旅游转变，形成较长的逗留时间，从而更好地促进整个青岛市体育旅游的发展。

工业旅游最早开始于 20 世纪 50 年代的法国，工业旅游也是我国旅游产业中的新生产物，它主要是指游客进行以工厂生产过程、工人生活场景、工厂风貌、工厂企业文化等与工业相关因素为吸引物的旅游体验活动。青岛是我国最早开发工业旅游的城市，因为青岛在工业旅游方面具有独特的资源优势，良好的地理位置、便捷的交通方式以及良好的政策环境培育了诸如海尔、海信、青岛港务局、青岛啤酒、双星等大批名牌企业，像青岛啤酒已经有百年以上的历史，在国内已经形成了巨大的品牌形象，这些企业的管理、经营经验、文化内涵吸引着大批的旅游者，每年都有大批的旅游者慕名而来。

近年来青岛市乡村旅游也有了很大进展，成为青岛旅游业发展格局中一个新的亮点。青岛开展乡村旅游不乏资源，譬如像城阳及崂山等地的北宅樱桃节、崂山茶厂、中韩花卉、沙子口渔家文化以及红岛的蛤蜊节等；黄岛、胶州等地的大珠山和小珠山果园采摘、灵山岛的渔家文化、胶州的铺集镇等；平度的大泽山葡萄等，都在青岛周边市区甚至国内享誉名声，这些已开发或正在开发的旅游项目不仅丰富了旅游产品的类型，为青岛市及周边城市居民提供了更多出游的选择，更是繁荣了农村经济，促进了社会主义新农村的建设。

会展旅游是一种通过举办各种会议、博览交易、文化体育、科技交流、奖励旅游等活动而开发的旅游项目，它主要是以会展业为基础，多为大规模的旅游团队，会议旅游具有消费能力强、消费档次高、滞留时间长、季节消费均衡等特点。会展旅游一般需要较高要求的会议场所、配套的设施以及国际认证的"3L"环境，即下榻环境、学术氛围和与会展活动想呼应的休闲环境，青岛已经具备了会展旅游所需要的条件。

综上所述，以上几种旅游产业包括体育旅游产业，我们可以清楚地看到，它们之间并没有明显的边界，都是具有很强关联性的产业，对青岛市旅游业而言，青岛市的资源适用于以上任何一种旅游，它们具有相似的产品属性，能够达到兼容和并存，融合后形成兼具多个行业特征的新型服务行业，它们之间的促进作用远远大于它们之间的竞争作用。但是要想实现体育旅游产业真正意义上的融合必须将观念和行动达成契合，体育旅游经营者应与其他旅游经营者形成串联意识，加强合作，使游客在青岛旅游期间尽可能地避免单一化，这样不仅能取得双赢的效果，更能使旅游者享受多重的旅游体验。

（5）构建体育旅游圈

区域体育旅游合作是指以体育旅游经济为主体，在一定的区域范围内，在不同的地区，根据制定的协议或合同，将体育旅游资源进行重新配置和整合，以便取得更大的经济效益和生态效益的体育旅游经济活动。区域体育旅游内容大体包括：区域内体育旅游的基础设施建设、体育旅游整体规划、体育旅游形象设计和宣传、体育旅游线路规划以及旅游产品的合作营销等，区域体育旅游的发展目的就是实现一个区域内体育旅游产业市场、信息以及管理制度的统一，其实质是为了实现各个区域本身利益最大化的旅游规划。区域体育旅游的合理发展具有明显的经济效益，它不仅仅是实现旅游产业的经济发展，而且对带动各地其他产业如商业、交通运输业、农业以及建筑业具有明显的作用，能极大地带动地方经济的发展。

"体育旅游经济圈"是区域体育旅游的一种具体表现形式，在国外体育旅游经济圈已经发展成为发展体育旅游的主要趋势。发展体育旅游经济圈能促进体育旅游可持续发展，有利于解决体育旅游过程中需求和供给的矛盾，有利于整合体育旅游资源，也是进一步推动体育事业和旅游事业发展的创新性路径，合理的体育旅游圈的构建能使各区域体育旅游产业得到共同发展。根据"体育旅游经济圈"的设想，青岛市应当树立区域体育旅游的理念，加强与其他区域的合作，共同构建体育旅游圈，从而与其他地区形成相互促进的经营方式。

青岛市发展区域体育旅游具体设想如下。

①以青岛为中心，大力依托海上资源优势，开发海上运动，辐射省内沿渤海城市，连接烟台、威海、日照以及东营，形成三小时行程的中程环状外围带，推动黄金海岸旅游路线的联合营销，形成强大的海滨体育旅游产业带。

②规划省内"东—西"体育文化旅游精品路线，打造以海滨体育文化为主的青岛、都市体育文化为中心的济南、中国传统文化中心济宁为主要区域的体育旅游区域，形成以济南、泰安以及曲阜的文化差异互补，联合开发齐鲁文化专题营销促进旅游产业融合发展。

③以青岛和北京为中心辐射天津、辽宁、山西以及河北，以区域的自然生态资源、文化底蕴、经济发展等为基础，合理有效地配置资源，开发各种形式

的以强身健体、康复保健、文化教育、身心娱乐等为旅游目的的与体育活动或体育赛事有关的旅游项目，打造海洋、赛事、冰雪、文化等多位一体的体育旅游综合地带。

（6）多途径扩大宣传力度

借助青岛世界园艺博览会的影响力，大力宣传青岛，从而促进青岛体育旅游的发展。利用我国驻外机构，加强与境外网络和平面媒体的合作，鼓励境外媒体加大对青岛旅游的宣传力度；充实美化青岛旅游网站，实现青岛旅游网与全国各种旅游专题网站的链接；在大型媒体上加大对青岛赛事、自然风光以及人文历史的宣传力度，不断扩大青岛知名度；于海内外旅游名城进行旅游宣传片的置换播放；与邻近城市加强合作，实现客流引进和客流转送；充分利用青岛友好城市和友好合作关系城市，定期进行主题宣传活动。

第三节　我国东南沿海地区体育旅游产业的发展与管理

一、我国东南沿海地区体育旅游产业发展的原则

（一）整体性原则

从系统理论与协同理论的角度来看，如果一个区域内容的所有方面、所有地区都能够形成良好的配合，那么就会产生协同效应，使整个区域从中都能够获得更大的发展。而对体育旅游区域进行开发与资源整合的目的之一就是要使整个区域内容的体育旅游得到协同发挥，使区域内容的体育旅游建立起有机联系，由此可见，要想对体育旅游区域进行开发与整合就必须遵循并坚持整体性这一基本原则。反之，如果整体性原则无法得以坚持下去，就会使整个体育旅游资源整合与开发失去明确的方向。

这一原则，主要包含以下几方面含义。

①将区域作为一个整体，将其放在更高层次的区域系统来进行观察，对区域的地位与地域分工进行充分了解，并给出地域所处的地理定位。

②站在区域整体的高度，来对各地区、各部门的开发活动的合理性进行分析与判断，并给出更为明智的决策。

③作为一个独特的旅游整体，体育旅游产业与环境、经济、社会都有着非常密切的联系。整合的目的就是要将区域内体育旅游产业与环境以及内容各个部分之间的关系处理好。通过进行开发，既要充分发挥整个产业的功能和效率，同时也要使其中的各个部分都能得到很好的发展，使其成为整个区域经济的新增长带。

④在文化、资源等方面，内部各个地区之间存在着一定的联系，这也是区域共同性的体现。各个地区在凸显自身特色的同时，也要塑造区域体育旅游的整体形象，使各方面关系得到协调，使区域的共性得以突出。

（二）因地制宜原则

从地域分工的相关理论来看，只有将各个地区的优势充分发挥出来，体育旅游的开发才能获得更佳的效益。由此可见，对体育旅游区域进行开发应遵循因地制宜的原则。换句话说，就是在对体育旅游区域进行开发的过程中，区域内的各个地区都能够从中找到适合自己的位置，充分发挥自身优势，并且无法被替代。但是，如果在开发整合的过程中，大家都只注重自身利益，而不顾及他人的发展，那么区域开发整合的可行性就很小。需要说明的是，进行整合并不是要将竞争消除，因为整合在使整体互动的过程中，要求地方个性的存在，并且突出地方个性作为整合的目的之一，同时适当的竞争也有利于进一步深入地开发整合。

对区域体育旅游因地制宜地进行开发，遵循区域内体育旅游的特性，在整合开发中使资源的潜力得到发挥，这样能够更好地保证区域体育旅游开发结构的完整性，使区域内体育旅游的项目更加丰富和完善，使区域体育旅游整体吸引力得到大大提高，优化区域内资源组合，从而提高区域的整体经济效益。

（三）循序渐进原则

根据区域经济增长理论的相关观点可知，区域经济增长遵循着逐步发展的原则。作为一个系统工程，区域开发是一个动态工程，是磨合、协调、融合的过程，它不是一次就能完成的，具有明显的时段特征。由此可见，对体育旅游区域进行开发整合也应遵循并坚持逐步发展的原则。对体育旅游区域开发整合既不可能毕其功于一役，也不能贪大求全。要寻找有利于开发整合的条件，抓住有利时机，抓住增长点，确定合作的重点。然后，根据条件的不断改善以及形式的不断发展，再对开发整合的范围、规模、内容进行逐步扩大，最终将其向着整个区域全方位的整合进行扩散，以使整个区域的体育旅游产业成为一种整体优势和功能得到充分发挥，各地的地方性能够得到充分展示的整体与地方、部门与部门之间相互协调、融合的体育旅游胜地。

（四）互利共赢原则

在对体育旅游区域进行开发与整合的过程中，要使各方建立起相互平等的关系，统一标准，以实现共赢，诸如体育旅游发展的快慢、体育旅游资源的多寡、行政区域所在的级别等。在此过程中，参与各方都应承担起各自的义务和责任，同时也都享受区域整体发展所带来的诸多利益。对体育旅游进行整合要以平等作为基础，目的是要实现互利共赢，这会对参与整合的各方关系产生影响。如果在整合的过程中，各方利益处于不平等的位置，那么就会大大降低整合的吸引力。即使因为一些原因被迫参与整合活动，由于没有建立起良好的利益分享平等机制，那么双方合作也不会长久维持下去，所产生的结果也是无法令参与整合的各方都满意的。

（五）注重环境保护原则

促使资源的价值得到长期有效的发挥是对旅游资源进行开发的目的。这就要求在开发体育旅游资源的过程中要注重可持续性，做到资源开发与环境保护两者有效结合起来，应将保护风景名胜资源和生态环境作为前提，对其进行合理开发及科学管理，从而保证自然环境不会因为体育旅游资源的开发而遭到破坏，使体育旅游所具有的经济效益与生态效益协调一致。

二、典型地区体育旅游产业的发展与管理——以"长三角"为例

长江三角洲，简称"长三角"，西起镇江，东临大海，北起通扬运河，南达杭州湾北岸，面积近4万平方千米，是我国最大的河口三角洲冲积平原，拥有共同的自然地理特征，这是根据地理位置划分的。而经济区划的长江三角洲则向西延伸至南京，向南拓展到整个杭州湾南岸，包括上海市，以及江苏省中南部的南京、镇江、常州、无锡、苏州、扬州、泰州、南通和浙江北部的杭州、嘉兴、湖州、宁波、绍兴、舟山等15个地级市和35个县级市，区域面积达9.9万平方千米，是目前我国城市化水平最高的区域之一，城市化水平达到50%，发展到现在已形成一个由多城市连绵而成多核心的城市群系统。

长三角地区经济发达、交通便利、环境良好、基础设施较为完备。该区域内的体育旅游资源十分丰富，特色鲜明，为本区域体育旅游业的发展奠定了坚实的基础。在这个地区进行体育旅游开发时，应该进行以下方面的发展和管理。

（一）出台相关产业政策，制定相关发展规划

由于目前社会上还没有形成对体育旅游的深刻认识，尽管国家层面上已经出台了相关的政策，但是还没有形成很好的市场氛围。因此，长三角地区作为我国发展最快的区域，应该具有革新的意识和行动。相关政府部门应该协商合作，出台相关的体育旅游产业政策，扶持相关体育旅游产业的发展，并邀请相关的体育旅游专家和学者，制定好该区域的体育旅游发展规划，为促进本区域的体育旅游产业发展提供政策上的支撑和发展上的指导。

（二）建立跨省市、跨区域的联合开发机制

就体育旅游资源开发而言，与单独开发和分散孤立开发不同的是，联合开发能降低生产成本、产生较大的规模效益，这是联合开发的优势所在。区域体育旅游资源联合开发能产生"旅游资源共享、旅游位势叠加"的综合效果，通过联合开发方式的利用，既能提高区域体育旅游资源的综合区位，使区域内多种体育资源相得益彰、相互协调发展，又能极大地丰富区域体育旅游产品，提高区域体育旅游资源的综合吸引力，进而大大提升区域体育旅游的综合竞争力。

通过对长三角区域地理位置设置及旅游资源基本特征的研究可知，长三角区域地理相近、文化相亲、经济相融、资源互补，具有体育旅游资源联合开发的独特优势与条件。因此，如果长三角地区各旅游城市能树立并培养"共赢"思想，进行区域内体育旅游资源的联合开发，势必将极大地推动长三角地区体育旅游业的快速发展。

长三角区域内的体育旅游资源非常丰富，非常适合联合开发，其联合开发的形式主要有以下几种。

①京杭大运河、沿长江、沿海、沿湖、沿交通线等旅游资源空间分布呈规律分布类型合作区。

②长三角区域水乡古镇、长江三角洲园林、长江三角洲古城、长江三角洲美食、长江三角洲名人、长江三角洲山水、长江三角洲博物馆、长江三角洲吴越文化等文化共同区、海岛、沿海、沿江、环湖等具有相似性旅游资源的联合

开发属于旅游资源相似型类型合作区。

③长江三角洲上海旅游圈、南京旅游圈、杭州旅游圈、宁波旅游圈等因中心旅游城市的强吸引力、中心职能高强度的带动作用而引致的区域旅游资源联合开发属于旅游资源引力区类型的联合开发区。

长三角区域内的各城市可根据实际情况开展内容丰富、形式多样的体育旅游资源联合开发活动，共同推动长三角体育旅游业的发展，提高长三角区域体育旅游竞争力。

（三）不断构建长三角体育旅游带

总体来看，长三角区域旅游资源的空间分布呈现出旅游圈状与带状的空间结构。从长远来看，长江三角洲各城市旅游资源应形成1核（上海为长江三角洲城市旅游发展的核心）、5极（杭州、南京、苏州、无锡、宁波五大城市旅游发展极）、5圈（由上海、苏州、嘉兴、南通等形成的上海核心旅游圈；由南京、镇江、扬州、泰州等形成的南京旅游圈；由湖州、绍兴、杭州等形成的杭州旅游圈；由苏州、无锡、常州、湖州、嘉兴等形成的环太湖旅游圈；由宁波、绍兴、舟山等形成的宁波旅游圈）、7带（沿江旅游带、沪宁旅游带、沪杭旅游带、沿运河旅游带、环太湖旅游带、沿海旅游带）的空间结构。

通过长三角各大旅游圈与旅游带的构建，以体育旅游资源联合开发为纽带，合理安排体育旅游设施，共同开发体育旅游产品，共塑区域体育旅游形象，实施体育旅游开发的总体战略，能更好地推进长三角区域的体育旅游发展。

体育旅游资源的联合开发，不仅会推动体育旅游产品的联合开发，同时还能推动区域体育旅游线路的一体化构建。因此，长三角区域内的各旅游城市应加强体育旅游资源的联合开发，并以此为契机，构建长江三角洲水乡古镇旅游、长江三角洲园林旅游、长江三角洲博物馆旅游、长江三角洲休闲旅游、长江三角洲观光旅游、长江三角洲文化旅游、长江三角洲宗教旅游、长江三角洲度假旅游、长江三角洲美食旅游、长江三角洲主题公园旅游、长江三角洲会议展览旅游、长江三角洲沿长江旅游、长江三角洲沿海旅游、长江三角洲环太湖旅游、长江三角洲都市旅游、长江三角洲古城旅游、长江三角洲沪宁带旅游、长江三角洲沪杭带旅游等长江三角洲专题旅游线路。通过对这些体育旅游线路的规划和开发，以及相关旅游品牌的打造，无疑将进一步推动长三角区域体育旅游业的快速发展。

第八章　全域旅游视角下体育旅游产业集群竞争力研究

体育旅游产业是体育产业中最重要的一个产业构成，其发展与体育其他产业之间具有非常密切的关系，在体育产业中占据着非常重要的地位，可直接或间接地促进体育其他产业的发展。我国体育旅游资源丰富、市场潜力大，但是与国外体育旅游相比，我国体育旅游产业的国际市场竞争力并不高，在我国体育产业市场中，体育旅游产业的竞争力与其他体育产业相比也有待提升。本章在阐述产业竞争力概念及其基本理论知识的基础上，详细分析体育旅游产业竞争力的构成要素，并结合当前我国体育旅游产业竞争力现状，对我国体育旅游产业竞争力的提升进行深入分析与思考，并提出可行化发展策略，以期对未来一个时期内我国体育旅游产业整体竞争力的提升具有重要的理论指导作用和启发意义。

第一节　产业竞争力的概念及理论基础

一、产业竞争力的概念

（一）产业竞争力概念争辩

关于产业竞争力，目前，国内外许多学者都对其进行了较为深入的研究，并从多角度提出了对产业竞争力的科学认知，但是，目前，学术界关于产业竞争力的概念描述并未统一，在论述上存在诸多不同之处，我国学者中具有代表性的关于产业竞争力概念的论述主要有如下几种。

金碚（1997）在《中国工业国际竞争力：理论、方法与实证研究》一书中指出：产业竞争力是指"在国与国自由贸易条件下，一国特定产业与其他国家相同产业相比具有更高的生产力，向国际市场提供符合消费者或购买者需求的更多产品，并持续地获得盈利的能力"。

盛世豪在其1999年出版的《产业竞争论》中提道，产业竞争力是"某一产业在区域竞争中，在规范的市场条件下，提供有效产品和服务的综合能力"。

张超认为，产业竞争力是一种综合能力比较，包括产业效率、生产能力、创新能力，以及在国际自由贸易条件下同类产业最终产品市场上的竞争能力。

陈晓声（2002）则对产业竞争力的概念如此描述，即产业竞争力是指产业"通过对生产要素和资源的高效配置及转换，稳定持续地生产出比其他同类产业更多财富的能力"。

陈柳钦（2005）认为，产业竞争力是该产业"对本国和本地区资源禀赋结构和市场环境的反映和调整能力"。

王玉珍研究认为，产业竞争力是这样一种能力，它"能够比同类产业更有效地向市场提供产品和服务并获取盈利和自身发展的综合素质，表现在产业特色、产业优势及市场占有能力方面"。

（二）产业竞争力内涵解析

产业竞争力是一种比较竞争力，这种比较可以是国际产业的比较，也可以是国内产业的比较，既可以是相同产业的比较，也可以是同类产业的比较。具体分析如下。

就区域经济发展来讲。不同国家或地区的产业政策环境、经济发展大环境不同，因此产业竞争力应该放在具体的地域（国家或地区）范围内进行比较。

就国际经济一体化发展来讲。在当前国际经济发展一体化的大背景下，国与国、地区与地区之间的经济贸易来往是经常和普遍存在的，因此某个国家或地区的产业发展还应该放在国际大背景下进行比较。

就产业本身而言，它是经济发展到一定阶段的必然结果，一个产业的形成往往与其他产业之间具有密切的联系。以体育旅游产业为例，其是体育产业与旅游产业的综合，是介于两种产业中间的一种产业发展，其产业属性、产业结构、产业发展环境等与体育产业、旅游产业以及其他产业都具有一定的区别。因此，既有联系又有区别的不同产业也可以进行比较，也存在竞争。

二、产业竞争力的理论基础分析

（一）比较优势理论

比较优势理论的理论基础最初是由亚当·斯密提出的，其在著名的经济学著作《国富论》中提出，"各国间存在生产技术上的绝对差异，这种绝对差异导致生产率、生产成本、价格的差异，这种绝对差异导致某国在该类产品上具有绝对优势"。

在亚当·斯密绝对优势理论的基础上，1871年，大卫·李嘉图提出比较优势理论。大卫·李嘉图研究认为，生产技术的相对差异可导致产品生产成本的差异，这种差异导致国际分工的出现，也就是说，即使在某一产品的生产经营过程中，某一国家处于劣势，也可以促进其与具有生产优势的国家发生贸易来往。为了追求各自的最大效益，各国均在自己处于生产优势的产品上加大生产，进口具有生产劣势的产品、出口具有生产优势的产品，实现国际资源的优化配置。而上述整个过程中，产品的比较优势发挥根本作用。

20世纪50年代以后，弗农（1996）、克鲁格曼（1983）先后提出动态比较优势理论，他们认为，产品的竞争力是由其生产要素优势决定的，更与各生产要素的分配密切相关。

比较优势强调基本生产要素对一国参与国际竞争的重要影响。

（二）竞争优势理论

竞争优势理论是由美国哈佛教授迈克尔·波特提出的。他对竞争提出如下观点。

①国家的竞争优势对企业、行业的竞争优势具有重要影响，这种影响是直接的。

②国家兴衰的根本原因在于国际竞争力的大小，竞争优势强的国家在国际竞争中占据主导地位。

③优势产业的建立有赖于提高生产效率，提高生产效率的根本在于生产创新。

在竞争优势理论基础上，迈克尔·波特提出"钻石模型"理论，专门用于解释一国产业竞争优势，"钻石模型"理论被认为是产业竞争力研究的理论基础。迈克尔·波特认为，一个产业的竞争力主要取决于四个方面：生产要素条件；需求条件；相关及支持性产业；企业的战略、结构及竞争。另外，政府和机遇也会对产业的竞争力产生重要的影响。

第二节　体育旅游产业集群竞争力的构成要素

一、生产要素

生产要素是影响产业竞争力的一个重要因素，它对产业竞争力的发展起基础作用。根据迈克尔·波特的"钻石模型"理论，来解析体育旅游产业竞争力，可以将体育旅游产业的生产要素大致分为三类，即体育旅游资源、人力资源和基础设施。

（一）体育旅游资源对体育旅游产业竞争力的影响

资源是一个产业得以维系的重要物质基础，体育旅游资源是体育产业发展的重要基础和前提，是构成体育旅游产业竞争力的一个基础性要素。所谓体育旅游资源，具体是指"经科学合理的开发，对体育旅游者产生吸引力，并能进行体育旅游活动，为旅游业所利用且能产生多元效益的各种事物与因素的总和，是旅游资源和体育资源有机的完美组合"。如果没有体育旅游资源，那么体育旅游产业的发展就没有了根基。

体育旅游资源对体育旅游产业竞争力的影响主要表现在以下三方面。

①体育旅游资源的多少直接影响到体育旅游地对体育旅游者的吸引力的大小，影响体育旅游的市场范围。如果一个国家和地区缺乏必要的体育旅游资源，则该国家和地区的体育旅游产业的发展就会缺少必要的市场竞争力。

②特殊的体育旅游资源能有效提升体育旅游地的市场竞争比较优势。当前，体育旅游市场已经步入消费者市场，体育旅游消费者对体育旅游活动的需求是多元的、多样性的。如果体育旅游地的体育旅游资源能突出与其他体育旅游地的体育旅游资源的特殊之处，就能对体育旅游消费者更具吸引价值。这就是市场竞争中的"人无我有，人有我优"。

③体育旅游资源集中度越高，体育旅游地可为体育旅游市场提供的

体育旅游产品、服务越多，与同类体育旅游地相比，对体育旅游者更加具有吸引力，更加值得体育旅游者"到此一游"，因此，该体育旅游地也就越能占据更多的体育旅游市场份额，从而在体育旅游市场竞争中扩大比较优势，市场收益也更多。这种市场占有比例所形成的规模效应能有效提高该地体育旅游产业的竞争力。

（二）人力资源对体育旅游产业竞争力的影响

人在市场经济活动中发挥着十分重要的作用。从研发、生产、销售到管理，这一整个过程当中，人力资源都发挥着重要的影响，进而决定产业竞争力的大小。

众所周知，体育旅游参与性强，在体育旅游活动当中，人力资源的参与度是其他任何一个产业都不能比拟的。人力资源情况将直接决定体育旅游消费者的消费体验，进而影响到体育旅游产业的可持续发展。

人力资源对体育旅游产业竞争力的影响具体表现在以下两个方面。

①对于体育旅游产业企业来讲，人力资源数量的增加能够提高产出水平。体育旅游产业经营管理需要的是既懂体育又懂经营管理的专门人才。在同等生产技术条件下，专业性、高质量的人力资源数量越多，越能产出优质的体育旅游产品，以及提供优质的体育旅游服务。

②对于体育旅游市场竞争来说，在当前知识经济时代，人力资源素质在产业发展中发挥着重要作用。在体育旅游产业市场竞争过程中，企业所提供的体育旅游产品和服务的数量和质量，在很大程度上取决于员工的知识和技术水平及创新能力，人力资源素质越高，该企业的综合竞争力也会较强。

（三）基础设施对体育旅游产业竞争力的影响

任何产业的发展都离不开基础设施，体育旅游产业发展与基础设施建设具有非常密切的关系，良好的基础设施建设是体育旅游产业发展的重要物质基础。

在体育旅游产业中，体育旅游基础设施具体指能为体育旅游消费者提供基本生活服务、休闲娱乐服务和专业体育旅游服务的一切设施，如商店、住宿、交通、通信、娱乐、医疗等。具体来说，基础设施对体育旅游产业竞争力的影响具体表现如下。

基础设施的建设情况直接关系到体育旅游地的市场接待能力和体育旅游消费者的消费体验满意度。体育旅游和其他形式的产业不一样，具有区域的固定性，需要体育旅游消费者到体育旅游目的地进行体育活动体验，因此，这就对体育旅游目的地的基础设施建设具有较高的要求，要求体育旅游目的地必须具备良好的可进入性、消费者数量可接待性。

良好的基础设施能有效提高体育旅游消费者对体育旅游目的地的整体印象。这对于提高体育旅游目的地的市场竞争力具有重要的促进作用，是提升本地区体育旅游产业发展后劲和市场竞争力的一个重要因素。

二、市场需求

市场需求是影响一个产业发展的重要影响因素，直接决定了该产业的发展模式、结构和方向，可以说，市场需求是一个产业发展的重要指向标，产业发展的任何决策都要围绕市场需求进行。对任何产业来说，没有市场需求也就无所谓竞争力，因此，市场需求是产业发展的前提。

针对市场需求与体育旅游产业竞争力的影响具体分析如下。

（一）细分市场对体育旅游产业竞争力的"宽度"的影响

细分市场与消费者的具体消费行为的实施具有十分密切的关系。当前，我国已经进入消费者市场的经济发展阶段，因此在产业发展过程中，要充分考虑消费者需求。

消费者的偏好是影响消费者购买的重要因素，一般来说，当消费者对某种产品的偏好程度增强时，该产品的需求量就会增加，相反，当偏好程度减弱时，需求量就会随之减少。就体育旅游产业发展来讲，消费者对体育旅游的项目和具体内容的偏好程度也会在不同时期发生变化，如冬季冰雪旅游需求的增加。

消费者对体育旅游产品的喜好程度受到多种因素的制约，主要包括大众体育旅游的观念和态度、体育旅游宣传力度、体育旅游产品和服务的质量、水平以及政府政策引导等。

体育旅游消费者的社会地位、经济条件、文化水平、兴趣爱好等各不相同，存在客观差异性，具体体现在体育旅游需求上，呈现出多样性特点，因此，凡是能满足体育旅游消费者多样化需求的体育旅游产品和服务就必然能够吸引更多的体育旅游消费者，也就是能在体育旅游细分市场中占据更多的市场份额，这对于体育旅游相关企业的市场竞争是十分有益的。

（二）市场预期性需求对体育旅游产业竞争力的"速度"影响

消费者的需求是不断变化的，在不同的时期会表现出不同的特点，市场需求的预期性，具体指消费者未来市场需求的预测。对于任何一个产业来讲，能够准确地预知消费者未来市场需求，就能提前把握市场竞争机会。

我国体育旅游市场中消费者的需求也是不断变化的，具体来说，如果某一个国家或地区的体育旅游消费者，旅游需求领先于其他国家和地区，其就能在体育旅游市场竞争中，提前准备好相应的体育旅游产品和服务，并做好体育旅游市场宣传，与体育旅游消费者的需求"一拍即合"，从而赢得更多的消费者市场，也就自然能提升体育旅游产业的市场竞争优势。

例如，在我国 2022 冬奥会申请与筹备过程中，体育冰雪旅游与其他旅游产业相比，就显然具有明显的市场优势，而在近期和未来一段时间内，以打造冰雪旅游为主题的体育旅游必然比其他旅游能占据更多的市场份额。

综上所述，市场需求对产业的发展影响，简单来说就是市场需求差异化和预期对消费产品、服务的需求影响，如果这两方面把握得好，就能促进产业的发展，提高产业市场竞争力。

三、关联产业

在迈克尔·波特提出的"钻石模型"理论中，第三个影响产业竞争优势的关键因素即关联产业。产业关联，又称产业联系，指不同产业投入与产出、供给与需求的数量比例关系。

任何一个产业的发展都不是孤立的，在其发展过程中必然要与其他产业发生多种多样的联系，因此与其相关的产业的发展情况也会影响该产业的发展。

具体来说，某行业的上游产业或相关产业是否具有国际竞争力是影响该产业竞争力的重要因素。上游产业及相关产业可以发挥群体优势和产生互补优势从而促进某一产业的发展。在体育产业领域，目前，我国这种产业的群体优势只存在于极少的地区。如一些龙头体育用品企业群之间形成以体育用品加工生产为核心的产业链，它们之间的重复性交换有利于相互协作、缓解矛盾和解决问题，实现企业生产的高效性、有效性和灵活性。

体育旅游产业的产业链较长，其涉及体育旅游的产品生产（服务设计）、产品制造（提供服务）、产品（与服务）营销等多个行业。同时还涉及为体育旅游活动提供各项支持的行业，如交通、通信、医疗、娱乐、文化等。2009—2011 年中国体育旅游产品行业市场分析及投资价值预测报告中指出，"在我国共计 130 个行业中，体育旅游产业要消耗 59 个行业的产品，同时，体育旅游产品要被 96 个行业消耗"。

在体育旅游产业链中，我们将体育旅游产品（服务）消耗产品的产业称为体育旅游的前向关联产业，将消耗体育旅游产品（服务）的产业称为体育旅游产业的后向关联产业。

体育旅游产业的关联产业对体育旅游竞争力的影响具体表现在产业技术创新和基础设施建设两个方面。

（一）技术创新和改进对体育旅游产业技术水平和竞争力的影响

技术创新是企业生存发展的重要基础，也是产业可持续发展的重要推动力。

就体育旅游市场的发展来说，随着经济的发展，体育旅游消费者的体育旅游需求在不断发生着变化，其中，对体育旅游产品和服务的质量要求越来越高是很重要的一个方面。如果体育旅游消费者在消费之后，不能得到相应价值的体育旅游产品和服务，则其体育旅游的需求就会逐渐降低，从而导致体育旅游产业发展在消费者市场需求中遇冷。

对于体育旅游产业企业来说，体育旅游产业内的企业必须不断改进和提高生产技术，为体育旅游消费者提供优质的体育旅游产品和服务，才能保证体育旅游消费者消费的持续性。

（二）基础设施建设的完善对体育旅游产业竞争力作用发挥的影响

体育旅游目的地基础设施建设对体育旅游产业发展具有重要影响。基础设施建设是体育旅游产业发展的重要物质基础，有助于提高体育旅游产业竞争力。

此外，基础设施建设更是体育旅游产业竞争力发挥作用的重要影响因素。以体育赛事旅游为例，国际大型体育赛事，如奥运会、足球世界杯等的举办会增加赛事举办地的旅游客流量，这一部分客流量来自体育运动爱好者，也包括其他旅游者。大量游客的涌入势必会给赛事举办地的交通、住宿、饮食、购物、安保等带来一系列的压力，这就体现了基础设施建设的重要性。举办地良好的基础设施建设不仅可以确保体育赛事的顺利开展，还能为赛事举办地体育旅游产业的发展，以及与体育旅游产业相关的其他产业，如住宿、餐饮业、健身娱乐业的发展产生促进作用。关联产业的发展也对体育旅游产业产生影响。共同作用下，体育旅游产业竞争力获得总体提高。

四、企业竞争

企业竞争是产业竞争的内在影响因素，也是非常关键的一个影响因素。"企业是产业竞争的基本载体，产业竞争力取决于企业竞争力。"企业竞争优势影响企业竞争力，进而影响产业竞争力。

（一）通过扩大企业规模提高体育旅游产业竞争力

扩大企业规模对产业竞争力的影响已经被诸多学者研究认可并经过了市场的考验。扩大体育旅游从业企业的市场规模对体育旅游产业竞争力的提高的影响具体表现如下。

扩大企业规模可以提高管理效率、降低成本消耗。规模化从客观上可以实现企业生产分工精细化、专业化，可提高企业的规模化效益，而企业规模化效益的实现对企业市场竞争力的提升是十分有益的，进而可促进企业管理的标准化、科学化，这对整个产业的高效发展具有重要的促进作用。

市场竞争是多方面的，企业为了占有市场可采取多样化的竞争手段，其中，促销产品可以提高市场占有率是当前市场经济中企业常用的竞争手段。规模化生产有助于企业降低成本，同时，规模竞争还有助于提高其他企业进入市场的门槛，企业必须具有一定的实力才能进入市场。市场内企业整体实力的提高对于其促进产业发展、提高产业竞争力具有推动作用。

（二）通过提高企业产品竞争力提高体育旅游产业竞争力

从本质上来说，产业竞争是产业市场占有率的争夺。市场占有率和营利能力直接体现了产品竞争力。

体育旅游产业属于第三产业，是一种服务性产业，体育旅游产品和服务的质量直接关系到体育旅游从业企业和体育旅游产业的发展。在市场竞争中，要想争取到最多的旅游者，必须不断提高产品竞争力，如此才能满足旅游消费者的需求，促进旅游消费者体育旅游行为的实施，这是体育旅游产业发展的重要基础。由此可见，提高体育旅游企业产品竞争力对提高体育旅游产业竞争力有重要影响。

（三）通过提高企业营销水平提高体育旅游产业竞争力

在市场竞争中，扩大产品销量能有效提高产品的市场占有率。这是企业进行市场营销的重要手段。

良好的营销能最大限度地吸引消费者，从而获取更多的市场份额。对于体育旅游产业发展来讲，其要想在体育产业和旅游产业中"抢占"更多的消费者，就必须挖掘市场信息，熟悉消费者需求，制定合适的营销策略，从提高企业营销手段和营销水平上下功夫。

五、政府行为

竞争理论指出，竞争优势的形成得益于商业环境。政府是商业环境的维护者，其行为主要包括提供财政支持、制定产业规划、制定产业政策等方面。

（一）政府通过提供财政支持提高体育旅游供给能力

政府在产业发展过程中发挥着十分重要的作用，对产业发展具有宏观导向和影响作用。政府的决策具有强制性，能从根本上影响一个产业的发展。

首先，政府财政支持政策在不同产业发展方面具有重要的导向和支持作用。新时期，在我国大力发展体育事业的社会背景下，政府为促进体育旅游产业的发展提供财政支持。以我国民族传统体育发展为例，近年来，我国在发展体育方面开始重视传统体育文化的发展，具有丰富文化内涵的传统民族体育成为国家重点扶持的对象，这些民族体育项目与独有的民族风情结合在一起，具有发展体育旅游的良好优势，在政府专项财政政策支持下，在很大程度上促进了各地民族传统体育旅游产业的发展。

其次，政府财政支持政策在地区体育旅游产业发展方面具有显著作用。以我国西北、西南地区体育旅游发展为例，这里具有丰富的体育旅游资源，并与当地丰富多彩的民族文化和活动紧密结合在一起，形成了强大的体育旅游市场吸引力。但是，由于我国西北、西南地区属于经济欠发达地区，因此在发展体育旅游产业的必要基础性投入方面存在一定的困难。而我国开发西部，为西部地区体育旅游产业的发展提供了良好的发展契机。

（二）政府通过制定产业规划促进体育旅游产业发展

产业规划关系到产业的科学化发展和可持续发展，对产业发展具有重要的导向作用。就体育旅游产业发展来说，体育旅游规划对体育旅游产业发展具有先导作用。政府对体育旅游产业的规划是宏观性的，立足于我国整体经济建设和未来体育产业发展，有助于为体育旅游产业发展提供方向指导，对体育旅游从业企业科学制定发展策略也具有重要的启发意义。同时，还有助于我国体育旅游产业在国际体育旅游市场竞争中把握好方向，明确定位，实现体育旅游资源的合理开发与优化配置，实现整个体育旅游产业的良性发展。

（三）政府通过制定产业政策规范体育旅游产业的发展

产业政策的制定者是政府，具体是政府"为了实现一定的经济和社会目标，从而对产业的形成和发展进行干预所制定的各种政策"。在体育旅游产业发展中，政府通过制定各项政策干预体育旅游产业企业的各项市场活动，进而影响体育旅游产业的发展。

首先，政府的产业政策制定能从宏观上协调体育旅游产业内部各要素的发展，如实现体育旅游资源的优化配置；督促产业内各利益相关者形成共同的价值观，引导他们为了提高体育旅游产业竞争力而共同努力。

其次，科学的产业政策有利于规范体育旅游产业市场竞争。在当前市场竞争十分激烈的环境下，政府必须加大对体育旅游产品与服务侵权行为的打击力度，加强对企业专利权的保护，促进整个体育旅游产业技术水平的提升。此外，规范体育旅游产品标准和服务标准也是政府必须要解决的问题。

六、体育旅游产业竞争力要素结构模型

结合前文对体育旅游产业竞争力的各要素分析，体育旅游产业竞争力各构成要素具有不同的影响作用。

①生产要素。生产要素是体育旅游产业发展的物质基础，是体育旅游产业进行竞争的基础。

②市场需求。市场需求是体育旅游产业参与竞争的前提，有需求，才有市场，才能竞争。

③关联产业。关联产业对体育旅游产业发展具有重要的支持作用，是体育旅游产业保持竞争力的重要保障。

④企业竞争。企业竞争是促进体育旅游产业发展的根本动力，是体育旅游产业竞争力的核心。

⑤政府。政府在体育旅游产业发展中发挥者重要指导作用，通过政府行为确保体育旅游产业顺利发展。

从宏观角度来看，在体育旅游产业发展过程中，体育旅游产业竞争力的五个构成要素都发挥着重要的作用，但是，必须认识到，这五个要素在不同国家和地区、在体育旅游产业发展的不同阶段，对体育旅游产业竞争力的影响程度不同。

在计划经济条件下，政府行为在体育旅游产业发展过程中起着主导性作用，而在市场经济条件，政府行为在体育旅游产业发展过程中起着辅助性作用，处于起步期的体育旅游产业，离不开政府的支持，如果缺乏政府的有效支持，体育旅游产业的竞争力很难在短期内快速提高。尤其是在我国改革开放初期，在多元化体育发展背景下，西方体育在国际体育中占据主导地位，在这种情况下发展体育旅游产业，国外体育发达国家体育旅游产业优势要明显高于我国，因此，我国体育旅游产业发展必须依靠政府支持，而在西方竞技体育冲击下，保护我国传统体育旅游文化与资源，也离不开政府的大量工作。

第三节　体育旅游产业集群竞争力的现状分析

一、政府对体育旅游产业调控现状

（一）政府体育旅游产业政策

在我国大力发展体育事业以及体育旅游产业快速发展，实现了极大的经济效益、社会效益。我国政府更加认识到了包括体育旅游产业在内的体育产业发展的重要性。

2009 年，国务院下发《国务院关于加快发展旅游业的意见》（以下简称《意见》），《意见》指出，以体育赛事为平台，支持有条件的城市和地区开展体育旅游，举办多种形式、内容丰富的文体旅游活动，促进本地经济、体育产业的发展。

2016 年，国务院颁布《国务院办公厅关于加快发展体育产业的指导意见》，从产业发展的宏观角度指出"协调推进体育产业与相关产业互动发展，推动体育产业与旅游等相关产业复合经营，促进体育旅游、体育会展等相关业态的发展"。

近年来，在政府的各项优惠政策支持下，我国各地（20 多个省、市、自治区）将体育旅游产业作为本地支柱产业或重点产业，体育旅游产业发展形势一片大好。

此外，必须认识到，由于当前我国政府对体育旅游产业的相关政策多是指导性、原则性的意见，从现实来看，这些政策缺乏针对性，操作性不强。

（二）政府体育旅游发展规划

现阶段，我国各地政府的体育旅游产业发展规划工作并没有提上日程，国家体育旅游发展规划正在拟定中。地方上，目前，只有安徽省制定了《体育旅游产品发展规划》。

调查显示，我国 70% 以上省市体育旅游业缺乏或需要规划。处于成长中的体育旅游产业急需加强产业规划。

（三）政府体育旅游发展相关制度

当前，我国体育旅游的监管、评价制度建设严重滞后于体育旅游产业的发展。

产业的发展离不开各种制度进行规范指导，在旅游业中，旅游市场秩序、旅游产品与服务质量的提高、旅游企业行为等都需要相应的制度进行规范，而我国旅游业在这方面做得还远远不够，各方面制度都比较缺乏。

就我国体育旅游发展来看，各地在发展本地体育旅游过程中都很重视对本地旅游业的宣传，但是对于体育旅游消费者来说，缺乏对各地体育旅游产品和服务的判断标准，而这一部分工作就需要依靠政府去做。目前，我国体育旅游景区的等级评价刚刚起步，体育旅游市场监管制度建设几乎处于空白状态。

（四）关于体育旅游设施安全标准和专业技术人员的从业标准的制定

体育旅游产业的规范化发展离不开科学生产与服务标准、人员从业标准、安全保护标准等各项标准的确立。与体育旅游产业发展的相关标准具体包括以下几种。

①体育旅游专业技术人员的从业和资格标准。

②运营管理的市场监管标准。

③激励、规范行业发展的等级评价标准。

④安全经营的风险救护标准。

在上述体育旅游产业发展的各项标准规范进程中，我国并没有切实可参考的统一文件，这在很大程度上影响了我国体育旅游产业的进一步规范化发展。

众所周知，体育旅游参与性强，而且有许多体育项目和活动内容具有一定的风险性，而国家在体育旅游服务从业人员、场地设施建设、安全防护和救护方面并没有建立相关标准，这就在很大程度上使得体育旅游消费者的相关合法权益无法得到保障，不利于体育旅游产业的规范化管理和可持续发展。

二、体育旅游产业企业发展现状

（一）体育旅游企业营销能力

体育旅游产业是外向型产业，在产业发展方面很大程度上依赖于宣传促销，因此，体育旅游企业营销能力对体育旅游产业发展和产业竞争力具有重要的影响。

目前，我国体育旅游产品的分销渠道主要有两个：体育旅游公司和旅行社。近年来，大众体育旅游认知度的不断提高，我国体育人口和体育旅游人数的不断增加，使得我国体育旅游市场不断扩大，进入体育旅游市场的企业（体育旅游公司、旅行社）不断增多。一些大型旅行社以及部分体育经纪公司，也积极开展体育旅游相关业务，如国旅、康辉、青旅等大型旅行社开设有各种体育旅游项目。体育旅游市场竞争激烈。

在激烈的体育旅游市场竞争中，各体育旅游公司和旅行社要想争取到最多的客源，就必须加强企业营销能力。

据调查，为争夺市场，我国体育旅游企业的广告费用占成本和销售额的比重正逐年上升，整体来看，我国体育旅游企业的营销竞争优势不明显，具体表现如下。

①体育旅游企业的营销意识欠缺。企业过于注重项目建设，缺乏根据消费者需求制定相应的促销方法的意识。

②体育旅游企业的营销渠道较窄。旅行社招徕是当前旅游企业营销的主要手段，缺乏体验营销、个性化营销。

③体育旅游企业的宣传形式单一，多依赖于企业广告宣传，很少有政府公益广告、主题宣传。

（二）体育旅游产品营利能力

体育旅游产品是吸引体育旅游者萌生体育旅游想法和辅助体育旅游行动的重要吸引物。经过十几年的发展，我国各地体育旅游产品丰富，当前，已开发的体育旅游产品主要包括三大类，即体验类体育旅游产品、观赏类体育旅游产品、实体类体育旅游产品。

在当前体育旅游市场中，许多特色体育旅游产品在旅游地表现出了极强的生命力，为丰富旅游产品、促进本地体育旅游产业发展发挥了积极作用。

有数据显示，2018 年，黑龙江省共接待冰雪旅游者 600 多万人次，国内旅游收入 40.5 亿元人民币，创汇 1290.9 万美元；水立方 2017 年 10 月至 2018 年 10 月创收 1.36 亿元；2018 年湖北共接待体育旅游游客 800 多万人次，创收 24 亿多元。近几年，各地特色旅游产品对体育旅游消费者的吸引力进一步增加，据资料统计，北京—张家口携手申办冬奥会后的第一个雪季，到崇礼滑雪的人数增长了 40%，2015 年又增长了 30%。

（三）体育旅游企业规模发展

近年来，我国体育旅游也发展迅速，各地体育旅游从业机构数量不断增多。截至 2017 年底，北京市休闲健身类从业机构有 3719 家。从业机构的增加对体育旅游产业市场和产业结构调整均具有重要的影响作用。

现阶段，我国体育旅游企业数量不断增长，但是，竞争力较强、规模较大的企业不多，各企业市场份额占有率较小，体育旅游企业的规模经济尚未形成。

我国体育旅游企业规模"弱、小、散"的现状，导致重复生产、资源浪费和价格优势不足等问题。

三、体育旅游资源开发现状

我国体育旅游资源丰富，各地在发展体育旅游产业过程中基本能够实现因地制宜。

（一）水域风光类体育旅游资源

我国水体资源丰富，依靠丰富的河流、湖泊、瀑布、温泉等，各地积极开展观赏、探险、休闲体育旅游。

我国黑龙江、吉林、河北等省利用当地的冰雪资源开发了形式多样的体育旅游项目。

我国大陆海岸线绵长，蕴藏着丰富的体育旅游资源，我国沿海各城市依托优良的自然条件积极开发海洋体育旅游项目，海南已经成为世界著名避暑、疗养、度假和水上活动胜地。

（二）生物景观类体育旅游资源

我国花卉资源、草原草地资源和森林资源丰富，这为我国开展各种文体活动奠定了重要的基础。

我国河南洛阳牡丹具有较高的知名度和影响力，跻身全国四大著名节会之列。洛阳市借助花卉资源优势，在举行牡丹花会开幕式上，举行3万人太极拳表演，充分彰显出花木资源与体育资源的有机结合，为其他地区发展体育旅游业提供了成功的经验。

（三）建筑设施类体育旅游资源

据不完全统计，目前，我国拥有各种标志性的体育场馆（博物馆）272处、体育度假村32个，体育主题公园164个。这些体育场馆、体育度假村、体育主题公园成为许多城市发展体育旅游业的重要亮点（表8-1）。

表8-1　我国部分地区体育主题公园数量

省（自治区、直辖市）	数量（个）
北京市	21
广东省	16
福建省	10
浙江省	18
山东省	32
江西省	2
广西壮族自治区	8

省（自治区、直辖市）	数量（个）
湖南省	18
安徽省	6
宁夏回族自治区	4
吉林省	12
四川省	10
内蒙古自治区	7
共计	164

（四）人文活动类体育旅游资源

目前，体育赛事旅游成为一种时尚，我国许多地方把体育赛事作为一种体育旅游资源进行开发。环青海湖公路自行车赛、网球中国公开赛、F1 世界大奖赛中国上海站等，都是中国近几年发展起来的特色体育旅游项目。

我国民族传统节日与民族传统体育活动蕴藏着巨大的体育旅游开发潜力，如回族古尔邦节、开斋节；苗族"四月八""赶秋""鼓社节"；藏历新年节、赛马会、萨噶达瓦节、江孜达玛节等传统节日。国际奥委会前主席罗格评价大型实景演出《禅宗少林·音乐大典》后说："可以获得奥林匹克金奖。"

此外，我国地方民间民族民俗表演活动，如腰鼓、舞龙、舞狮、踩高跷等也具有丰富的体育旅游资源开发价值。

体育赛事、民族节日活动与民族体育、民间民俗表演都为我国体育旅游资源的综合性开发提供了一个良好的思路。

四、体育旅游人力资源培养现状

（一）体育旅游从业人员受教育程度

就我国旅游从业人员现状来看，当前，我国导游队伍的学历层次较低，从事体育旅游专业的导游的教育程度也不高，以大专（41.7%）、本科（18.9%）学历为主。多数景区服务人员未接受过专业系统的培训，短期岗位培训后即可上岗。我国旅游从业人员中兼职进行体育旅游服务的人员占到体育旅游从业者的 87%。

（二）体育旅游从业人员的数量

当前，我国体育旅游市场需求较大，但是，我国体育旅游从业人员的数量匮乏。尤其是一些探险性体育旅游项目的技术指导、服务和救护人员，如漂流的救生员、滑雪的导滑员等数量很少。

五、体育旅游产业市场需求现状

（一）体育人口比例

调查显示，我国体育人口数量逐年持续稳步增长。1996 年为 31.4%，2000年为 33.9%，2004 年为 37.1%，2017 年约 3.4 亿人参加过体育锻炼。近年来，我国民众参与体育锻炼的热情不断高涨，体育人口进一步快速增长。

（二）人均体育消费水平

调查显示，当前，欧美发达国家人均体育消费水平每年约 400 美元，而我国人均体育消费水平不足 100 元人民币，作为高消费需求的体育旅游活动费用支出就更少了。

第四节 体育旅游产业集群竞争力提升的策略

一、充分发挥政府职能作用，提升政府调控力

政府在体育旅游产业发展中具有重要影响作用。政府的产业政策会促进或迟滞体育产业的发展进程。加强政府的宏观调控是体育旅游产业可持续发展战略的重要内容。

一个国家、地区或行业的政府领导是推动该国家、地区或行业可持续发展的第一力量。在政府部门的支持下，体育旅游产业才有发展活力和动力。2014年国务院颁布的《关于加快发展体育产业促进体育消费的若干意见》指出，"到2025 年，体育产业总规模超过 5 万亿元"，这极大地激发了体育产业市场活力和改革动力。新时期，要促进体育旅游产业发展，必须从以下几方面做起。

①政府应加强体育旅游产业布局规划，制定科学合理的产业政策和相关法律引导。

②政府应加大对体育旅游产业发展的扶持力度，完善体育旅游产业的服务体系。

③政府应加强监督管理，完善体育旅游经营活动的服务规范和从业标准，构建良好的体育旅游产业发展环境。

二、提高体育旅游产品营销水平，增强企业竞争力

针对目前我国体育旅游营销的相关问题，应从以下几方面入手提高体育旅游产品营销水平。

①创新营销和宣传方式。未来的体育旅游营销将是基于网络的供需双方直接对点营销。因此，应充分利用现代信息技术，改变当前以旅行社为主的单一营销渠道。

②完善体育旅游产品结构，进一步丰富产品系列。加强体育旅游产品的多元化开发，满足不同消费者的多元化需求。在调整和优化体育旅游产品结构时，基于目标消费群体制定符合不同消费者个性化需求的体育旅游产品开发策略。

③重视企业产品技术创新。注重通过创新来节约劳动力（如网络售票）、节约资本（如多功能体育场馆的社交使用）、提高效率或质量，使企业的经营管理真正做到低成本、高效率、新发展。

三、优化体育旅游专业人才队伍，夯实要素供给力

体育旅游人才是实现体育旅游产业转变发展方式的重要因素，在体育旅游产业的发展中起着至关重要的作用。针对当前我国旅游专业人才数量较少、质量不高的现状，应从以下几方面入手，建设和完善我国体育旅游专业人才队伍。

①重视体育旅游产业各类管理人才、专业人才的培养并合理分配不同人才从而优化组织结构。

②重视发挥高校人才教育和培养优势，使高校成为体育旅游人才的主要供应地。当前，要鼓励我国高等院校开设体育旅游专业或增开体育旅游课程，为体育旅游产业发展提供人力支持。

③适时依托旅游教育培训中心进行体育旅游人才培训。体育运动项目

的开发和技术的发展要求体育旅游专业服务人员和技术指导人员应不断提高自己的技术能力并丰富运动经验，对此，旅游行政部门可以与高校联合开办培训中心，加强对在职体育旅游人员的培训，进一步提高其专业素质和能力。

四、开拓国内外体育旅游市场，调动市场需求力

首先，要着力发展国内体育旅游市场。加大体育旅游宣传力度，形成良好的大众体育旅游认知，培育体育旅游群众基础。在当前推行全民健身计划的基础上，倡导家庭和个人投资体育健身，引导群众拓宽体育消费领域，为大众参与体育旅游奠定基础。

其次，适度开发国际体育旅游市场。政府和体育旅游产业企业，均应积极参与国际体育旅游宣传推广，认真分析全球旅游市场形势，针对不同客源市场加大宣传力度，打造具有中国特色的体育旅游产品与服务；同时，体育旅游企业要加强与相关部门的合作，通过联合促销，扩大境外体育旅游市场。

参考文献

[1] 王丹，刘奕. 全域旅游视域下上海市体育旅游发展研究 [J]. 现代商贸工业，2019，40（30）：21-23.

[2] 孙中芹. 全域体育旅游研究探析 [J]. 当代体育科技，2019，9（15）：227-228.

[3] 宋经保. 产业融合角度下体育旅游产业发展趋势探究 [J]. 度假旅游，2019（04）：36-37.

[4] 姜梅英. 基于体育旅游风险知觉消费行为的测量与分析 [J]. 社会科学家，2019（04）：71-74.

[5] 尹克峰，孙毅. 滨海体育旅游的开发现状及发展路径研究 [J]. 中国商论，2019（18）：62-63.

[6] 张星. 体育旅游发展模式和创新 [J]. 农家参谋，2019（19）：242.

[7] 吴佳润. 体育旅游背景下对体育赛事的管理研究 [J]. 广西质量监督导报，2019（09）：18.

[8] 谢孟楠. 全域旅游视阈下体育特色小镇开发的研究 [J]. 现代营销（下旬刊），2019（09）：93-94.

[9] 范英丽. 江西体育旅游产业发展路径研究 [J]. 中共南昌市委党校学报，2019，17（04）：49-52.

[10] 王静丽，倪德财. 体育旅游对区域经济发展重要性分析 [J]. 现代营销（信息版），2019（11）：169.

[11] 曹小芬. 体验经济中海洋体育旅游项目建设研究 [J]. 济南职业学院学报，2019（04）：82-84.

[12] 王兵. 全域旅游视域下体育健康特色小镇发展研究 [J]. 运动精品，2019，38（08）：50-51.

[13] 张欣阳.民族传统体育旅游文化资源的开发与价值释放 [J].福建茶叶，2019，41（04）：78-79.

[14] 王恩斌.体育产业和旅游产业融合发展研究 [J].当代体育科技，2019，9（22）：198-199.

[15] 肖青青，王文辉.金寨县体育旅游市场开发利用研究 [J].体育世界（学术版），2019（03）：24-25.

[16] 唐大鹏.我国体育旅游休闲产业发展困境与优化路径 [J].体育文化导刊，2019（07）：81-86.

[17] 王兵.体育赛事与体育旅游互促发展理论研究分析 [J].运动精品，2019，38（07）：53-54.

[18] 刘晶茹.南京汤山地区体育旅游发展现状与对策研究 [J].价值工程，2019，38（14）：172-174.

[19] 曲玉洁，张斐然.冰雪体育旅游现状与发展路径探析 [J].旅游纵览（下半月），2019（05）：32.

[20] 陈钢.新时代我国体育产业发展现状与推进路径 [J].体育文化导刊，2019（06）：76-81.

[21] 周阳，唐建军，古松.我国乡村体育旅游价值与发展路径 [J].体育文化导刊，2019（06）：93-98.

[22] 张越博.辽宁省体育旅游产业研究 [J].当代体育科技，2019，9（13）：249-250.

[23] 李忠堂，杨睿.辽宁省冰雪体育旅游资源开发现状研究 [J].体育科技，2019，40（03）：87-88.

[24] 田颖华.体育旅游标准化建设研究 [J].度假旅游，2019（04）：183.

[25] 郭爽.黑龙江省冰雪体育旅游资源开发研究 [J].当代体育科技，2019，9（15）：225-226.

[26] 倪德财，王静丽.我国乡村体育旅游价值与发展路径 [J].现代营销（信息版），2019（11）：168.

[27] 陶武超，阮会芹.产业融合视角下体育旅游产业发展研究 [J].度假旅游，2019（04）：38-39.

[28] 易保锐，张宏远.体育旅游对区域经济发展重要性分析 [J].度假旅游，2019（04）：50-51.

[29] 蒋在爽.特色体育旅游产业发展前景探究 [J].度假旅游，2019（04）：159-160.

[30] 庞自甲，李旭天.我国体育与旅游融合的探究 [J].体育世界（学术版），2019（04）：36-37.

[31] 王卫东.丰富内容 开创体育旅游产业发展新局面 [J].体育文化导刊，2017（12）：1-3.

[32] 叶晨曦.多维视角下体育产业与旅游产业融合分析 [J].体育文化导刊，2017（12）：102-106.

[33] 蒋清，敬艳.全域旅游视域下体育特色小镇的开发 [J].开放导报，2017（05）：92-95.

[34] 党挺.国外体育产业融合发展分析及启示 [J].体育文化导刊，2017（03）：127-131.

[35] 袁俊，梁洁莹.深圳滨海体育旅游开发研究 [J].体育文化导刊，2016（08）：137-142.

[36] 杨强.体育旅游产业融合发展的动力与路径机制 [J].体育学刊，2016，23（04）：55-62.

[37] 张妮.体育旅游新闻对体育旅游宣传的作用分析 [J].新闻战线，2015（03）：151-152.

[38] 胡冬临.我国体育旅游资源开发分析 [J].体育文化导刊，2014（11）：92-94.

[39] 郭学松，王振亮，陈上越.福建体育旅游开发研究 [J].体育文化导刊，2014（11）：107-110.

[40] 殷培根，钱猛.成都体育旅游研究 [J].体育文化导刊，2014（11）：115-118.

[41] 陈同先，谢忠萍.体育旅游市场开发的功效探析 [J].体育与科学，2012，33（02）：88-90.

[42] 王志成.江苏沿海体育旅游发展研究 [J].体育文化导刊，2012（03）：90-93.

[43] 康保苓.产业融合背景下旅游与体育的互动研究 [J].旅游论坛，2011，4（03）：45-48.

[44] 李寿邦，侯令忠.陕西体育旅游发展研究 [J].体育文化导刊，2011（05）：71-74.

[45] 王辉.体育旅游产业特征及发展策略探讨 [J].体育与科学，2010，31（04）：59-64.

[46] 王振.我国体育旅游发展研究 [J].体育文化导刊，2009（08）：83-86.

[47] 朱红香 . 体育旅游的界定及归属问题 [J]. 体育学刊，2008（08）：32-34.

[48] 于素梅 . 小康社会的体育旅游资源开发研究 [J]. 体育科学，2007（05）：23-35.

[49] 周琥 . 体育旅游资源开发策划探析 [J]. 体育与科学，2007（02）：32-34.

[50] 陈宝珠 . 我国体育旅游开发与对策研究 [J]. 北京体育大学学报，2007（01）：30-32.

[51] 王丽霞，于善旭 . 旅游体育初探 [J]. 西安体育学院学报，2006（03）：40-42.

[52] 谭坤 . 恩施州体育旅游资源整合发展研究 [D]. 荆州：长江大学，2019.

[53] 梁托托 . 延安市体育旅游资源评价及整合研究 [D]. 延安：延安大学，2019.

[54] 张志超 . 河北省邢台市体育旅游资源 SWOT 分析及开发研究 [D]. 石家庄：河北师范大学，2019.

[55] 陈科伟 . 北京市回龙观社区居民参与型体育旅游需求研究 [D]. 北京：北京体育大学，2019.

[56] 张泽昌 . 青岛市滨海体育旅游 SWOT 分析与研究 [D]. 昆明：云南师范大学，2019.

[57] 孙立艳 . 吉林省少数民族体育旅游发展策略研究 [D]. 长春：吉林大学，2019.

[58] 杨伟伟 . 潍坊市民俗体育文化旅游开发的 SWOT 分析 [D]. 济南：山东师范大学，2019.

[59] 许晨晨 . 皖西地区体育旅游现状与发展对策研究 [D]. 淮北：淮北师范大学，2019.

[60] 支彤彤 . 体育旅游价值共创研究 [D]. 芜湖：安徽工程大学，2019.

[61] 李小月 . 恩施市体育旅游资源开发研究 [D]. 北京：北京体育大学，2019.

[62] 刘胜 . "体育＋旅游"新亮点引领新方向 [N]. 兵团日报（汉），2019-06-24（006）.

[63] 吴宜夏，李先军 . 体育旅游高质量发展正当时 [N]. 中国旅游报，2019-09-06（003）.

[64] 马慧强，刘玉鑫 . 促进体育和旅游业融合发展 [N]. 山西日报，2019-

07-15（010）.

[65] 南剑飞，赵丽丽. 加快推进体育旅游产业转型升级 [N]. 经济日报，2019-07-05（015）.

[66] 邢丽涛. 体育旅游成为新的生活方式 [N]. 中国旅游报，2019-06-14（008）.

[67] 赵华. 树立全域旅游理念推动产业融合发展 [N]. 民主协商报，2017-12-15（005）.

[68] 马学礼. 旅游带动多产业融合 [N]. 工人日报，2017-12-03（003）.

[69] 冯颖. 全域旅游打开全新发展格局 [N]. 中国旅游报，2017-06-12（A02）.

[70] 石培华. 如何认识与理解全域旅游 [N]. 中国旅游报，2016-02-03（004）.

[71] . 吴必虎，张栋平. 以五大发展理念引领全域旅游发展 [N]. 中国旅游报，2016-02-03（004）